O IMPOSTOR QUE VIVE EM MIM

BRENNAN MANNING

O IMPOSTOR QUE VIVE EM MIM

SEGUNDA EDIÇÃO

Traduzido por MARSON GUEDES

Copyright © 1994, 2002 por Brennan Manning
Publicado originalmente por NavPress, Colorado Springs, EUA

Os textos das referências bíblicas foram extraídos da versão Almeida Revista e Atualizada, 2ª ed. (Sociedade Bíblica do Brasil), salvo indicação específica.

É expressamente proibida a reprodução total ou parcial de notas, quadros, devocionais e demais recursos desta Bíblia, por quaisquer meios (eletrônicos, mecânicos, fotográficos, gravação e outros), sem prévia autorização, por escrito, da editora.

Todos os direitos reservados e protegidos pela Lei 9.610, de 19/02/1998.

Dados Internacionais de Catalogação na Publicação (CIP)
(Câmara Brasileira do Livro, SP, Brasil)

Manning, Brennan

O impostor que vive em mim / Brennan Manning; tradução de Marson Guedes, 2ªed. — São Paulo: Mundo Cristão, 2007.

Título original: Abba's Child
ISBN 978-85-7325-477-8

1. Autoestima — Espectos religiosos — Cristianismo   2. Espiritualidade   3. Intimidade (Psicologia) — Aspectos religiosos — Cristianismo   I. Título

07-2726   CDD-248.4

Índice para catálogo sistemático:
1. Intimidade: Vida cristã: Cristianismo   248.4

Categoria: Inspiração

Edição revisada segundo o Novo Acordo Ortográfico

Publicado no Brasil com todos os direitos reservados por:
Editora Mundo Cristão
Rua Antônio Carlos Tacconi, 69, São Paulo, SP, Brasil — CEP 04810-020
Telefone: (11) 2127-4147
www.mundocristao.com.br

1ª edição: junho de 2004
27ª reimpressão: 2024

A Lillian Robinson
e Arthur Epstein,
mentores e amigos,
uma cristã e um judeu,
cuja sabedoria e compaixão
uniram as duas alianças
de uma maneira profundamente humana.

SUMÁRIO

Agradecimentos 9
Prefácio à nova edição 11
Palavra inicial 15
1. Saia do esconderijo 17
2. O impostor 35
3. O amado 53
4. Filho de Deus 67
5. O fariseu e a criança 87
6. A atualidade da ressurreição 109
7. O resgate da paixão 129
8. Determinação e fantasia 147
9. O pulsar do coração do Mestre 167
Bibliografia 187

AGRADECIMENTOS

Comecei a escrever *O impostor que vive em mim* tendo um propósito em mente: resgatar a paixão que acendeu em mim o desejo de entrar para o seminário e buscar a ordenação para o sacerdócio. No processo, descobri que tudo o que sempre quis dos anos de silêncio e estudo era me apaixonar por Deus.

Após um almoço com John Eames, naquela época editor da NavPress, e a consultora editorial Liz Heaney em Estes Park, Colorado, fiquei humildemente grato pelo incentivo que me deram para finalizar o livro. Depois, Kathy Yanni Helmers juntou à experiência profissional a mesma medida de paixão pelo Senhor, de modo que fiquei mais satisfeito com esta ótima redação final do que com a dos meus livros anteriores.

Em seguida, meus sinceros agradecimentos a Lillian Robinson e Arthur Epstein, que me guiaram das trevas para a luz em todos os momentos de dificuldade de minha vida pessoal.

Prefácio à nova edição

> *Não ser ninguém além de si num mundo que dia e noite se esforça ao máximo para transformá-lo em uma pessoa igual a todas as outras significa entrar na mais dura das batalhas que um ser humano pode enfrentar, e nunca deixar de lutar.*
>
> E. E. Cummings

Desde a publicação de *O impostor que vive em mim*, em 1994, houve mais comentários sobre "O impostor" do que qualquer outro dos capítulos somados. Bem, o impostor continua a reaparecer em novos e diabólicos disfarces. O manhoso, doentio e sinistro imitador do meu "eu" verdadeiro se aproxima sorrateiramente, mesmo durante meu sono. Seu último estratagema é investir nas minhas fraquezas de ancião, impedindo-me de lembrar se tomei meu antidepressivo e minhas vitaminas hoje pela manhã.

Sagaz e astucioso, esse clone de meus desejos egocêntricos explora minha amnésia temporária para me fazer esquecer que tudo o que sou é graça; que sozinho não tenho condições de recebê-la, pois mesmo isso é uma dádiva, ou seja, a graça de alcançar a graça também é graça.

Em vez de se inebriar com a extravagância do amor de Deus, de demonstrar gratidão genuína pela pura e imerecida abundância de suas dádivas, meu coração é tomado por um sentimento vergonhoso de satisfação por minhas conquistas e por uma certeza insana de superioridade espiritual. O impostor é cheio de artifícios, malicioso e sedutor. Ele me convence a renegar meu "eu" verdadeiro, como filho amado de Deus e, como observa Cummings, tornar-me "uma pessoa igual a todas as outras".

Minha maior dificuldade nos últimos anos tem sido trazer o impostor à presença de Jesus. Ainda estou inclinado a açoitar o falso "eu", bater nele sem misericórdia por se achar o centro do universo, por se abater à toa, por sua falta de coragem e por acreditar que minha suposta vida espiritual é apenas uma fantasia e uma maneira de enganar a mim mesmo.

Possuo um histórico de autoflagelo. Quando tinha 23 anos e era noviço da Ordem Franciscana na cidade de Washington, praticava-se no convento uma disciplina espiritual antiga nas noites de sexta-feira da Quaresma. Um clérigo previamente escolhido se postava impassível ao lado da abertura da escadaria no primeiro andar, recitando lentamente e em voz alta o salmo 51 em latim: "Miserere me, Domine, secundum misericordiam tuam" ("Tem compaixão de mim, Senhor, segundo a tua misericórdia").

Enquanto isso, o restante de nós entrava nas celas do segundo andar segurando um instrumento de tortura em forma de laço, medindo trinta centímetros; era fio de telefone enrolado. Enquanto prosseguia o salmo, açoitávamos as costas e nádegas para extinguir o fogo da sensualidade. Eu me chicoteava com tal renúncia temerária que ficava cheio de bolhas de sangue.

No dia seguinte, durante o banho, um clérigo deu uma olhada em meu corpo massacrado e relatou meu estado ao mestre dos noviços, que me censurou por meu zelo destemperado. Com toda sinceridade, eu estava tentando desesperadamente agradar a Deus.

Não foi assim com o irmão Dismas, que vivia na cela adjacente à minha. Eu o ouvi se açoitar de maneira tão brutal que temi por sua saúde e sanidade. Arrisquei-me a dar uma espiada através de uma fenda na porta: com um sorriso perturbado e um cigarro na mão esquerda, golpeava a parede com grande revolta: *chlep*, *chlep*, *chlep*. Minha reação? Tive pena do pobre coitado e voltei para minha cela com um insuportável sentimento de superioridade espiritual.

Flagelar-se não é saudável para o corpo nem para a alma.

O impostor deve ser tirado de seu esconderijo e apresentado a Jesus; caso contrário, sentimentos como desesperança, confusão, vergonha e fracasso se aproximarão furtivamente de nós desde o amanhecer até o crepúsculo.

Escrever *O impostor que vive em mim* foi uma profunda experiência espiritual para mim, e quero compartilhar uma última reflexão. Certas verdades só podem ser ditas quando se usa o exagero. Ao tentar descrever o mistério transcendente do amor de Deus, empreguei um excesso de adjetivos tais como infinito, fora do comum, alucinante, inefável e incompreensível. Junte todos eles e ainda serão inadequados por uma simples razão: *a palavra deturpa o mistério*.

Finalmente, meu velho mentor espiritual, Larry Hein, já aposentado, que escreveu esta bênção:

> Que todas as suas expectativas sejam frustradas, que todos os seus planos sejam atrapalhados, que todos os seus desejos sejam reduzidos a nada, que você possa experimentar a impotência e a pobreza de uma criança, e então cantar e dançar no amor de Deus que é Pai, Filho e Espírito.

apareceu com esta nova:

> Que hoje, no planeta Terra, você possa experimentar a maravilha e a beleza que representa como filho de Deus e templo do Espírito Santo por meio de Jesus Cristo, nosso Senhor.

Palavra inicial

No dia 8 de fevereiro de 1956, numa pequena capela em Loretto, na Pensilvânia, fui surpreendido por Jesus de Nazaré. A estrada pela qual andei nas últimas décadas foi marcada por vitórias desastrosas e derrotas magníficas; por sucessos que depreciam a alma e fracassos que potencializam a vida. Períodos de fidelidade e traição, de consolo e desolação, de zelo e apatia não são estranhos a mim. E houve tempos em que...

... a presença de Deus era percebida de forma mais real do que a cadeira na qual estou sentado.
... a Palavra se espalhava como raio por cada canto da minha alma.
... um arroubo de desejo me levou a lugares que nunca havia visitado.

Também houve outros tempos em que...

... identifiquei-me com as palavras de Mae West: "Eu já fui como a Branca de Neve, mas descambei".
... a Palavra estava tão sem graça quanto sorvete fora da validade, e tão insossa quanto linguiça sem tempero.
... o fogo dentro de mim tremulou e se apagou.
... confundi entusiasmo vazio com sabedoria de idoso.
... deixei o idealismo da juventude por considerá-lo ingenuidade.
... preferi os cacos de vidro baratos à pérola de grande valor.

Se você se identifica com alguma dessas experiências, pode ser que queira folhear este livro e fazer uma pausa para recuperar a essência de sua identidade como filho de Deus.

BRENNAN MANNING

CAPÍTULO UM

Saia do esconderijo

No conto *The Turkey* (O peru), de Flannery O'Connor,[1] o anti-herói e protagonista é um garotinho chamado Ruller. Ele faz uma imagem muito ruim de si porque nada em que põe a mão parece dar certo. À noite, em sua cama, ele ouve seus pais o analisando:

— Ruller não é um garoto comum — diz o pai. — Por que ele sempre brinca sozinho?

— Como vou saber? — responde a mãe.

Um dia, na mata, Ruller vê um peru selvagem ferido e inicia uma intensa perseguição.

— Ah, se eu conseguir pegar! — ele grita.

E corre atrás do bicho para pegá-lo, mesmo que isso o obrigue a correr até chegar a outro estado do país. Ele já consegue se ver entrando em casa, triunfante, com o peru pendurado em seu ombro e toda a família gritando:

— Vejam só o Ruller com um peru selvagem! Ruller, onde você conseguiu este peru?

— Ah, eu o capturei na mata. Se quiserem, posso pegar um igual para vocês um dia desses.

---

[1] *The Collected Works of Flannery O'Connor*, p. 42-54.

Um pensamento, porém, invade sua mente: "É provável que Deus me faça perseguir este maldito peru a tarde inteira à toa". Ruller sabe que não deveria pensar assim a respeito de Deus — mas é assim que se sente. Seria possível evitar esse sentimento? Ele fica se perguntando se é mesmo um garoto fora do comum.

Finalmente, Ruller captura o peru, que cai morto por causa do tiro que havia levado antes. O garoto o coloca sobre os ombros e inicia sua marcha messiânica de volta ao centro da cidade. Aí começa a lembrar das coisas que pensara antes de pegar a ave. "Foram pensamentos bem ruins", ele pensa.

Ruller conclui que Deus o interrompeu antes que fosse tarde demais. Ele deveria ser grato por isso. "Obrigado, Deus", ele diz. "Sou muito grato ao Senhor. Esse peru deve pesar uns quatro quilos. O Senhor foi muito generoso."

"Talvez pegar o peru tenha sido um sinal", ele pensa. Talvez Deus queira que ele se torne um pregador. Ruller pensa em Bing Crosby e Spencer Tracy enquanto entra na cidade com o peru pendurado no ombro. Quer fazer algo para Deus, mas não sabe bem o quê. Se houvesse alguma pessoa pobre tocando acordeão na rua hoje, ele daria a moeda que traz no bolso. É a única moeda que carrega, mas daria.

Dois homens se aproximam e assobiam, admirados, ao ver o peru. Chamam outros homens que estão na esquina para ver.

— Quanto você acha que ele pesa? — perguntam.

— Pelo menos uns quatro quilos — responde Ruller.

— Por quanto tempo você o perseguiu?

— Por quase uma hora.

— Isso é mesmo impressionante. Você deve estar bem cansado.

— Não, mas tenho de ir — diz o garoto. — Estou com pressa.

Ruller não vê a hora de chegar em casa. Ele deseja muito encontrar alguém mendigando. De repente, começa a orar: "Senhor, mande um mendigo. Mande-o antes de eu chegar em casa". Se Deus providenciou aquele peru, certamente providenciará um mendigo. Ele tem certeza de que Deus enviará alguém. Por ser uma criança singular, Deus se interessa por ele.

"Por favor, mande um mendigo agora mesmo!" E no instante em que diz isso, uma velha mendiga surge diante dele. Seu coração bate com força dentro do peito. Ruller dispara na direção da mulher, gritando: "Aqui, aqui!". Ele enfia a moeda na mão daquela senhora e segue adiante, sem olhar para trás.

O coração de Ruller se acalma aos poucos, e aí ele passa a sentir uma coisa diferente — algo como estar alegre e constrangido ao mesmo tempo. Pensa até em dar todo o dinheiro que possui a ela. É como se estivesse nas nuvens. Então nota um grupo de garotos da roça que o segue. Ele se volta e pergunta, generosamente:

— Vocês querem ver o peru?

Os garotos o olham, admirados:

— Onde você conseguiu este peru?

— Achei no meio da mata. Peguei quando morreu. Vejam, ele tomou um tiro debaixo da asa.

— Deixa eu ver — pede um garoto.

Ruller entrega a ele o peru. A cabeça do peru voa na direção de seu rosto enquanto o garoto o gira no ar sobre o próprio ombro e dá meia-volta. Os outros garotos também se viram e vão embora, andando despreocupadamente.

Quando Ruller resolve se mexer, os meninos já estão a uns quatrocentos metros de distância. Por fim, se afastam tanto que ele nem consegue mais enxergá-los. Então Ruller volta lentamente para casa. Anda um pouco e, ao perceber que escureceu, começa a correr de repente.

Essa extraordinária fábula de Flannery O'Connor termina com as seguintes palavras: "Ele correu cada vez mais rápido, e, ao pegar a estrada que levava à sua casa, seu coração estava tão acelerado quanto suas pernas. Ele tinha certeza de que Algo Terrível o seguia de perto, com os braços estendidos e os dedos prontos para agarrá-lo".

Muitos de nós, cristãos, somos revelados, despidos e expostos na pessoa de Ruller. É como se nosso Deus fosse aquele que providencia perus com benevolência e os tira por simples capricho. Quando os dá, sinaliza o interesse e o prazer que sente em nós. Sentimo-nos próximos de Deus e somos instigados à generosidade.

Quando os tira, é sinal de desagrado e rejeição. Aí nos sentimos repudiados por Deus. Ele é volúvel, imprevisível, excêntrico, capaz de nos encher de vigor num momento e nos decepcionar logo depois. Deus se lembra de nossos pecados anteriores e nos castiga, arrancando os *perus* da saúde, da riqueza, da paz interior, da paternidade, do poder, do sucesso e da alegria.

Assim, involuntariamente projetamos em Deus as atitudes e os sentimentos que nutrimos por nós mesmos. Como Blaise Pascal escreveu: "Deus fez o homem à sua imagem e semelhança, e o homem retribuiu a gentileza". Portanto, se alguém se detesta, presume que Deus sinta a mesma coisa a respeito dele.

Mas não podemos achar que Deus tenha o mesmo sentimento que nutrimos a nosso respeito — a menos que nos amemos de maneira compassiva, intensa e incondicional. Na forma humana, Jesus nos revelou como Deus é. Ele evidenciou como nossas projeções são, na verdade, uma forma de idolatria e mostrou um jeito de nos libertarmos delas.

É necessária uma conversão profunda para aceitar que Deus é inflexivelmente terno e compassivo conosco pelo que somos — não apesar de nossos pecados e culpas (isso não seria aceitação total), mas com eles. Apesar de Deus não tolerar ou sancionar o mal, ele não retém seu amor por haver maldade em nós.

Por causa da maneira como nos sentimos a respeito de nós mesmos, às vezes é difícil acreditar nisso. Como muitos autores cristãos mais sábios e sensíveis do que eu já disseram, não conseguimos aceitar o amor de outro ser humano quando não nos amamos, e menos ainda aceitar que Deus possa nos amar. Certa noite, um amigo perguntou ao filho deficiente:

— Daniel, quando percebe que Jesus está olhando para você, o que vê em seus olhos?

Depois de uma pausa, o garoto respondeu:
— Os olhos dele estão cheios de lágrimas, pai.
— Por que, Daniel?
Houve uma pausa ainda mais longa.
— Porque ele está triste.
— E por que ele está triste? — perguntou o pai.

Daniel ficou olhando para o chão. Quando, finalmente, levantou a cabeça, seus olhos cheios de lágrima brilhavam. Então respondeu:
— Porque estou com medo.

A tristeza de Deus reside no medo que temos dele, da vida e de nós mesmos. Ele se angustia por causa de nosso egoísmo e de nossa autossuficiência. Richard Foster escreveu: "Hoje, o coração de Deus é uma ferida aberta de amor. Ele sofre muito por causa de nosso distanciamento e de nossa preocupação. Lamenta o fato de não nos aproximarmos dele. Ele se ressente de o termos esquecido. Chora por causa de nossa obsessão por grandeza e abundância. Ele anseia por nossa presença".[2]

Deus se entristece com nossa recusa de nos aproximarmos dele quando pecamos e fracassamos. Um *escorregão* é uma experiência terrível para um alcoólatra. A obsessão da mente e do corpo por bebida volta com a fúria selvagem de uma tempestade repentina de verão. Quando a pessoa fica sóbria de novo, está devastada.

Quando eu tinha uma recaída, minhas opções eram duas: capitular novamente diante da culpa, do medo e da depressão ou correr para os braços do meu Pai celestial. Em outras palavras: viver como vítima de minha doença ou confiar no amor imutável de Deus.

Uma coisa é se sentir amado por Deus quando a vida está em ordem e todos os sistemas de apoio estão no lugar certo. Nesse caso, aceitar-se é relativamente fácil. Podemos até afirmar que

---

[2] *Prayer, Finding the Heart's True Home*, p. 1.

estamos a caminho de gostar de nós mesmos. Quando estamos fortes, no topo, no controle e, como dizem os Celts,[3] "em ótima forma", consolida-se um certo senso de segurança.

Mas o que acontece quando negligenciamos o cuidado com a vida? O que acontece quando pecamos e falhamos, quando nossos sonhos se despedaçam, quando os investimentos se frustram, quando somos tratados com desconfiança? O que acontece quando precisamos confrontar nossa condição humana?

Pergunte a qualquer um que já tenha passado por um processo de separação ou divórcio. Ele está bem hoje em dia? A sensação de segurança está intacta? Tem uma boa noção do próprio valor? Ainda se sente como um filho amado? Ou Deus só ama essa pessoa quando ela está bem, e não nos momentos de carência e prostração? Nicholas Harnan escreveu:

> É essa [prostração] que precisa ser aceita. Infelizmente, temos a tendência a rejeitá-la. É quando germinam as sementes de um ódio mortal que temos de nós mesmos. Essa vulnerabilidade dolorosa é a característica que mais precisa ser admitida a fim de restaurar a saúde de nossa condição humana.[4]

Julian de Norwich, mística do século XIV, afirmou: "Nosso amável Senhor não quer que seus servos se desesperem pelo fato de caírem de maneira tão frequente e deplorável, pois nossa queda não o impede de nos amar".[5] O ceticismo e a timidez são obstáculos à fé e à aceitação. No entanto, não odiamos a Deus, mas, a nós mesmos. Ainda assim, a vida espiritual começa com a aceitação de nosso "eu" ferido.

Procure uma pessoa verdadeiramente contemplativa — não aquela que ouve vozes angelicais e tem visões poderosas de

---

[3] Jogadores de basquete do Boston Celtics. (N. do T.)
[4] *The Heart's Journey Home, A Quest for Wisdom.* p. 61.
[5] *The Revelations of Divine Love*, p. 56.

querubins, mas a que baixa a guarda para se encontrar com Deus. O que esse homem ou essa mulher terá para dizer? Thomas Merton responde:

> Renda sua carência e reconheça sua insignificância diante do Senhor. Quer entenda isso, quer não, Deus ama você, está presente em você, vive em você, habita em você, chama você, salva você e oferece entendimento e compaixão que não se comparam a nada que algum dia tenha encontrado num livro ou ouvido num sermão.[6]

Deus diz que devemos parar de nos esconder e, abertamente, nos aproximar dele. Deus é o pai que correu na direção do filho pródigo quando ele voltou para casa, hesitante. Ele chora por nós quando a vergonha e a falta de amor-próprio nos imobilizam.

Quando ficamos apavorados por algum motivo, a primeira coisa que fazemos é nos cobrir. Adão e Eva se esconderam, e todos nós, de um jeito ou de outro, seguimos o mesmo exemplo. Por quê? Porque não gostamos do que vemos. É desconfortável — ou mesmo insuportável — confrontar nosso "eu" verdadeiro. Simon Tugwell explica:

> E assim, tal como escravos fujões, escapamos de nossa realidade ou produzimos um falso "eu" que seja admirado pela maioria, relativamente atraente e feliz apenas na superfície. Escondemos aquilo que sabemos ou sentimos ser (que pressupomos ser inaceitável ou indigno de amor) atrás de algum tipo de aparência que, esperamos, seja mais agradável. Escondemo-nos atrás de semblantes bonitos só para agradar os outros. Com o tempo, podemos até esquecer o que estamos escondendo e passar a acreditar que temos, de fato, a mesma aparência das máscaras que usamos.[7]

---

[6] *The Hidden Ground of love: Letter*, p. 146.
[7] *The Beatitudes: Soundings in Christian Tradition*. Springfield: Templegate Publishers, 1980, p. 130.

Entretanto, Deus ama quem de fato somos — quer gostemos disso ou não. Ele nos chama, como chamou Adão, para que saiamos do esconderijo. Por maior que seja a quantidade de maquiagem espiritual que usemos, ela não pode nos tornar mais apresentáveis a Deus. Como disse Merton, "A razão pela qual jamais penetramos na realidade mais profunda de nosso relacionamento com Deus é que raramente reconhecemos nossa completa insignificância perante ele".[8]

Seu amor, que nos chamou à existência, nos exorta a deixar de nos detestar e tomar parte de sua verdade. "Venha a mim *agora*", diz Jesus. "Reconheça e aceite quem eu quero ser para você: um Salvador de compaixão sem limites, paciência infinita, perdão impensável e amor que ignora os erros. Deixe de projetar em mim a imagem que você faz de si. Nesse momento, sua vida é um caniço rachado, e eu não o esmagarei; um pavio fumegante, e eu não o apagarei. *Você está num lugar seguro.*"

Uma das contradições mais chocantes da igreja norte-americana é a forte aversão que muitos dos discípulos de Jesus têm por eles mesmos. Estão mais descontentes com as próprias deficiências do que jamais imaginariam estar com as dos outros. Não aguentam mais a própria mediocridade e falta de coerência. David Seamands escreveu:

> Muitos cristãos [...] encontram-se derrotados pela mais psicológica das armas que Satanás usa contra eles. Essa arma tem a eficácia de um míssil mortal. Seu nome? Baixa autoestima. Essa arma de Satanás provoca um sentimento visceral de inferioridade, inadequação e insignificância. Tal sentimento escraviza muitos cristãos, a despeito das maravilhosas experiências espirituais e do conhecimento da Palavra de Deus. Embora compreendam sua

---

[8] *The Hidden Ground*..., p. 38.

condição de filhos e filhas de Deus, estão amarrados, presos por um terrível sentimento de inferioridade e acorrentados a uma profunda sensação de inutilidade.[9]

Conta-se muito a história de um homem que marcou uma consulta com o famoso psicólogo Carl Jung, a quem procurou para pedir ajuda por causa da depressão crônica que sofria. Jung disse a ele que diminuísse as horas de trabalho diárias de quatorze para oito, fosse diretamente para casa e passasse as noites em seu escritório, quieto e completamente sozinho.

O homem deprimido ia para o escritório todas as noites, fechava a porta, lia um pouco de Herman Hesse ou Thomas Mann, tocava algumas peças de Chopin ou de Mozart. Depois de fazer isso por semanas, voltou a procurar Jung, queixando-se de que não conseguia ver nenhuma melhora. Ao saber como o homem passava o tempo, Jung disse:

— Mas você não entendeu. Eu não queria você na companhia de Hesse, Mann, Chopin ou Mozart. Eu queria que você ficasse completamente sozinho.

O homem ficou espantado e retrucou:

— Não consigo pensar em pior companhia do que eu!

— Mas este é o "eu" que você impõe às outras pessoas durante quatorze horas por dia[10] — explicou Jung (que deve ter mencionado ainda que aquele era o "eu" que o homem se impunha).

Baseado em minha experiência, posso dizer que odiar a si mesmo é o mal-estar dominante que enfraquece e sufoca o crescimento dos cristãos no Espírito Santo. O tom melancólico das peças de Checkov — "Você está vivendo muito mal, meu amigo" — assombra a consciência do cristão norte-americano.

Vozes negativas da família de origem — "Você nunca vai ser

---

[9] *Healing for Damaged Emotions*, p. 49.
[10] Morton KELSEY, "Encounters with God", citado por Parker PALMER em "The Monastic Renewal of the Church".

nada na vida mesmo" —, o moralismo da igreja e a pressão para alcançar o sucesso transformam peregrinos cheios de expectativa a caminho da Nova Jerusalém numa trupe desanimada de Hamlets deprimidos e Rullers amedrontados. Alcoolismo, compulsão pelo trabalho, comportamentos viciosos e aumento da taxa de suicídio refletem a magnitude do problema. Henri Nowen observou:

> Ao longo dos anos, percebi que a maior armadilha da vida não é o sucesso, a popularidade ou o poder, mas a autorrejeição. Sucesso, popularidade e poder podem representar grandes tentações, mas a capacidade de sedução que possuem tem origem no fato de comporem uma tentação mais ampla: a autorrejeição. Quando chegamos a acreditar nas vozes que nos chamam de inúteis e indignos de amor, então, o sucesso, a popularidade e o poder são facilmente percebidos como soluções atraentes.
> A verdadeira armadilha, entretanto, é a autorrejeição. Logo depois que alguém me acusa ou me critica, assim que sou rejeitado, deixado só, abandonado, me pego pensando: "Bem, isso mais uma vez prova que não sou ninguém". [...] [Meu lado negro diz:] não tenho nada de bom [...] Mereço ser deixado de lado, esquecido, rejeitado e abandonado. A *autorrejeição é o maior inimigo da vida espiritual* porque contradiz a voz sagrada que nos chama de "amados". Ser o amado constitui a verdade essencial de nossa existência.[11]

Aprendemos a ser gentis conosco ao experimentarmos a íntima e genuína compaixão de Jesus. À medida que permitimos que a incontida ternura de Jesus invada a fortaleza do nosso "eu", somos libertados da acidez que influencia o julgamento que fazemos a nosso respeito. Cristo quer que mudemos essa atitude e o acompanhemos no combate contra esse tipo de avaliação pessoal.

No verão de 1992, dei um passo significativo na minha jornada

---

[11] *Life of the Beloved*, p. 21, grifos do autor.

interior. Por vinte dias, vivi numa cabana afastada nas Montanhas Rochosas do Colorado e fiz um retiro, combinando terapia, silêncio e solidão. Todas as manhãs, encontrava-me com um psicólogo que me orientou a trazer à lembrança memórias e sentimentos reprimidos desde a infância. O resto do dia passava sozinho na cabana sem televisão, rádio ou leitura de qualquer tipo.

Com o passar dos dias, percebi que não era capaz de *sentir* nada desde os oito anos de idade. Uma experiência traumática naquela época bloqueou minha memória pelos nove anos seguintes, bem como meus sentimentos por cinco décadas.

Quando tinha oito anos, o impostor, o falso "eu", nasceu como defesa contra a dor. Esse impostor dentro de mim sussurrava: "Brennan, nunca mais seja você mesmo, porque ninguém gosta de você como você é. Invente um novo 'eu' que todos admirem e ninguém consiga conhecer de fato".

Assim, me tornei um bom garoto: educado, bem-comportado, discreto e respeitoso. Esforcei-me nos estudos, tirei notas excelentes, consegui uma bolsa no ensino médio e acordava assombrado pelo terror do abandono e pela sensação de que ninguém me protegeria.

Aprendi que o desempenho exemplar proporcionou o reconhecimento e a aprovação que eu procurava de maneira tão desesperada. Orbitei numa área de insensibilidade para manter o medo e a vergonha a uma distância segura. Como meu terapeuta comentou: "Durante todos esses anos havia uma porta de aço escondendo suas emoções e negando-lhe acesso a elas". Enquanto isso, o impostor que apresentava para consumo público era indiferente e despreocupado.

A mente e o coração permaneceram separados ao longo de meu ministério. Por dezoito anos proclamei as boas-novas do amor apaixonado e incondicional de Deus — a mente inteiramente convencida, mas sem sentir o mesmo no coração. Nunca me senti amado.

Uma cena do filme *Lembranças de Hollywood* resume essa situação. Uma estrela de Hollywood (Meryl Streep) ouve seu diretor (Gene Hackman) falar sobre a vida maravilhosa que ela tem e como qualquer mulher invejaria tudo o que ela conquistou. Ela responde: "É, eu sei. Mas quer saber de uma coisa? Não consigo sentir nada. Nunca fui capaz de sentir nada na vida; nem mesmo essas coisas boas".

No décimo dia do retiro na montanha, chorei a ponto de soluçar. Como Mary Michael O'Shaughnessy gosta de dizer: "Geralmente os colapsos conduzem a notáveis avanços". (Boa parte de minha insensibilidade e invulnerabilidade surgiu de minha recusa em lamentar a perda de uma palavra branda e da ternura de um abraço.) Benditos são os que pranteiam e se lamentam.

À medida que sorvia o cálice da amargura, uma coisa notável aconteceu: ouvi música e dança à distância. Eu era o filho pródigo voltando abatido para casa — não um espectador, mas um participante. O impostor desapareceu aos poucos; eu estava em contato com o verdadeiro "eu", na condição do filho de Deus que retornava. A necessidade de elogios e afirmação foi mitigada.

Antes, eu nunca me sentia seguro, a menos que meu desempenho fosse impecável. A avidez pela perfeição havia superado o desejo de Deus. Oprimido pela mentalidade do "tudo ou nada", interpretava a fraqueza como mediocridade e a incoerência como perda de controle emocional. Descartava a compaixão e a autoaceitação, que considerava reações inapropriadas. Aquela sensação repisada de fracasso e inadequação pessoal me levou à perda da autoestima, provocando momentos de depressão moderada e forte ansiedade.

Sem querer, havia projetado em Deus os sentimentos que nutria a meu respeito. Sentia-me seguro com ele apenas quando me via como uma pessoa nobre, generosa e amável, sem cicatrizes, medos ou lágrimas. *Perfeito!*

Mas, naquela manhã radiante, numa cabana encravada nas Rochosas do Colorado, saí do esconderijo. Jesus removeu a mortalha do perfeccionismo, e agora, perdoado e livre, corri para casa, pois *sabia* que podia contar com Alguém. Capturado no fundo da alma, com lágrimas correndo pela face, assimilei e finalmente senti todas as palavras que tinha escrito e falado sobre o Amor obstinado e inexorável. Naquela manhã, compreendi que as palavras não passam de palha, se comparadas à Realidade. De repente, saí da simples condição de professor do amor de Deus para me tornar um deleite para Deus. Disse "adeus" à sensação de medo e "*shalom*" à segurança. O que significa sentir-se num lugar seguro? Naquela tarde escrevi em meu diário:

> Sentir-me seguro é parar de viver na mente e mergulhar fundo no coração, sentir afeto e aceitação [...] sem ter mais de me esconder e distrair com livros, televisão, filmes, sorvete, conversas superficiais [...] ficar no momento presente, sem fugir para o passado ou me projetar para o futuro, alerta e prestando atenção no agora [...] sentir-me sereno, sem nervosismo ou inquietação [...] sem necessidade de impressionar ou encantar os outros, ou chamar a atenção para mim [...] sem constrangimento, uma nova forma de estar comigo mesmo, de estar no mundo [...] calmo, sem medo, sem ansiedade a respeito do que acontecerá em seguida [...] amado e valorizado [...] apenas a plenitude como finalidade.

Mas escrever sobre tal experiência é arriscar-se a inventar um novo impostor usando um disfarce ainda mais brilhante. Chegam a mim as lembranças das palavras sensatas de Teresa de Ávila: "Tais experiências são dadas aos irmãos e irmãs mais fracos para fortalecer sua fé sem vigor". Mesmo atribuir tudo "à graça de Deus" pode ser uma forma sutil de arrogância, pois a frase se tornou praticamente um clichê cristão.

Thomas Merton, o mais requisitado guia espiritual de nosso tempo, disse um dia a um colega monge: "Se eu tentar fingir ser alguma coisa além de Thomas Merton, estou morto. E se você tentar fingir ser alguma coisa além de um criador de porcos, está morto". A solução de Merton? "Pare, de uma vez por todas, de querer levar vantagem em tudo e renda-se, com todo o seu pecado, a Deus, que não vê grandes feitos nem os realizadores, mas somente um filho redimido por Cristo".[12]

Há seiscentos anos, Julian de Norwich compreendeu essa verdade de um modo maravilhosamente simples:

> Alguns de nós creem que Deus é todo-poderoso e, por isso, tem poder para fazer qualquer coisa; que ele tudo conhece e, por isso, é possível que faça qualquer coisa; mas vacilamos quando devemos crer que ele é todo amor, por isso fará qualquer coisa. Em minha opinião, essa ignorância é o maior de todos os obstáculos para aqueles que amam a Deus.[13]

E ainda há mais. Reflita sobre as palavras do apóstolo Paulo: "Porque o que eles fazem em oculto, o só referir é vergonha. Mas todas as coisas, quando reprovadas pela luz, se tornam manifestas; porque *tudo que se manifesta é luz*" (Ef 5:12-13, grifos do autor).

Deus não apenas perdoa e esquece nossos atos vergonhosos, mas também transforma a escuridão em luz. Todas as coisas, em conjunto, cooperam para o bem daqueles que amam a Deus — "até mesmo", acrescentou Santo Agostinho, "nossos pecados".

A peça em ato único *The Angel That Troubled the Waters* [O anjo que agitava as águas], de Thornton Wilder, baseada em João 5:1-14, é uma dramatização baseada no poder de cura do tanque de Betesda sempre que um anjo agitava suas águas. Um médico vai com frequência ao tanque, esperando ser o primeiro da fila e receber a cura de sua depressão. O anjo finalmente aparece, mas impede o médico no momento em que ele se prepara para entrar na água. Manda o médico se afastar, pois esse momento não é para ele. O médico

---

[12] James FINLEY, *Merton's Palace of Nowhere*, p. 53.
[13] *Julian of Norwich*, cap. 73.

implora por ajuda numa voz entrecortada, mas o anjo insiste que a cura não está destinada a ele.

O diálogo continua, e então o anjo fala profeticamente: "Sem suas feridas, onde estaria seu poder? É sua tristeza que faz sua voz baixa estremecer dentro dos corações de homens e mulheres. Para falar aos miseráveis e desajeitados filhos da terra, nem mesmo os próprios anjos conseguem ser tão convincentes quanto um ser humano quebrado pelas rodas do viver. Apenas soldados feridos podem servir ao Amor. Médico, afaste-se".

Depois disso, o primeiro homem que entra no tanque é curado, regozija-se por sua boa sorte e, dirigindo-se ao médico, diz: "Por favor, venha comigo. Minha casa fica a apenas uma hora daqui. Meu filho está perdido em pensamentos sombrios. Não consigo entendê-lo, e só você é capaz de levantar-lhe o ânimo. Somente uma hora... Há também minha filha. Desde que perdeu o filho, ela vive na sombra. Não nos ouvirá, mas ouvirá você".[14]

Cristãos que se escondem continuam vivendo uma mentira. Negamos a realidade de nosso pecado. Numa tentativa inútil de apagar o passado, privamos a comunidade de nosso dom de cura. Se dissimulamos as feridas por medo e vergonha, as trevas dentro de nós não podem receber luz nem iluminar os outros. Nós nos apegamos aos sentimentos ruins e nos martirizamos com o passado, quando o certo seria deixá-lo para trás. Como afirmou Dietrich Bonhoeffer, a culpa é um ídolo. Mas, quando ousamos viver como homens e mulheres perdoados, nos unimos a outros médicos feridos e nos aproximamos de Jesus.

Henri Nowen explorou esse tema com profundidade e sensibilidade em sua obra clássica *The Wounded Healer*. Ele conta a história de um rabino que perguntou ao profeta Elias quando o Messias viria. Elias respondeu que o rabino deveria perguntar

---

[14] *The Angel That Troubled the Waters and Other Plays*, p. 20.

diretamente ao Messias e que o encontraria sentado nos portões da cidade.

— Como saberei que é ele? — perguntou o rabino.

— Ele está sentado entre os pobres, coberto de feridas — Elias respondeu. — Os outros mostram suas feridas ao mesmo tempo e, em seguida, as escondem novamente. Mas o Messias desata uma por vez e as reata novamente, dizendo para si: "Talvez precisem de mim. Se assim for, devo estar sempre pronto para não correr o risco de me atrasar nem por um momento".[15]

O Servo Sofredor de Isaías reconhece suas feridas, as expõe e disponibiliza para a comunidade como fonte de cura.

The Wounded Healer deduz que graça e cura são transmitidas por meio da vulnerabilidade de homens e mulheres que foram maltratados e desprezados pela vida. Apenas soldados feridos podem servir ao Amor.

Os Alcoólicos Anônimos são uma comunidade de médicos feridos. O psiquiatra James Knight escreveu:

> Essas pessoas tiveram suas vidas expostas e levadas à beira da destruição pelo alcoolismo e pelos problemas que o acompanham. Quando essas pessoas ressurgem das cinzas do fogo do inferno que é essa escravidão, adquirem a compreensão, a sensibilidade e a disposição de entrar e participar regularmente dos encontros terapêuticos com seus companheiros de vício. Nesse encontro elas não podem nem se permitem esquecer sua transgressão e vulnerabilidade. Suas feridas são reconhecidas, aceitas e vistas o tempo todo. Além disso, elas são usadas para *iluminar* e estabilizar as próprias vidas enquanto trabalham para proporcionar a cura da sobriedade a seus irmãos e irmãs alcoólicos — e, às vezes, a filhos e filhas. A eficácia dos membros do AA no cuidado e no tratamento de seus companheiros alcoólicos é uma das histórias

[15] P. 34.

de maior sucesso de nosso tempo e ilustra o poder das feridas, quando usado com criatividade, para aliviar o fardo de dor e sofrimento. (grifo do autor)[16]

Rainer Maria Rilke explica a eficácia do próprio dom:

> Não pense que aquele que procura consolar você vive tranqüilo em meio às palavras simples e discretas que usa e, às vezes, fazem tão bem. Há sacrifício e tristeza em demasia na vida dessa pessoa, que está muito aquém da sua. Não fosse assim, ele jamais poderia encontrar tais palavras.[17]

As próprias feridas de dor e tristeza de Rilke o conscientizaram de sua pobreza interior e criaram um vazio que se transformou no espaço livre em que Cristo poderia derramar seu poder de cura. Trata-se, aqui, de um eco da súplica de Paulo: "De boa vontade, pois, mais me gloriarei nas fraquezas, para que sobre mim repouse o poder de Cristo" (2Co 12:9).

Minha jornada me ensinou que apenas quando me sinto seguro com Deus é que realmente me sinto seguro comigo mesmo. Confiar no Deus, que *correu* na direção de seu filho obstinado sem questioná-lo, nos capacita a confiar em nossa essência. A decisão de sair do esconderijo é um rito de iniciação ao ministério terapêutico de Jesus Cristo. Isso proporciona gratificação pessoal. Permanecemos na Verdade que nos liberta e vivemos da Realidade que nos faz plenos.

Na lista dos dez melhores livros que li na vida está *Diary of a Country Priest*, de George Bernanos. Desde sua ordenação, o sacer-

---

[16] *Psychiatry and Religion: Overlapping Concerns*. O esplêndido artigo de Knight intitulado The Religio-Psychological Dimension of Wounded Healers é a principal fonte de informações dessas minhas reflexões. Minha gratidão a ele e a Lillian Robinson por me mostrar o livro.

[17] *Letters to a Young Poet*, p. 36.

dote lutou contra a dúvida, o medo, a ansiedade e a insegurança. A última anotação em seu diário diz:

> Agora, tudo chegou ao fim. A desconfiança estranha que tinha de mim, de meu próprio ser, foi-se, creio eu, para sempre. Esse conflito foi resolvido. Reconciliei-me comigo, com essa minha casca tão miserável. Como é fácil se detestar! A verdadeira graça está no esquecimento; pois se o orgulho pudesse morrer dentro de nós, a graça suprema seria amar a si mesmo com toda a simplicidade que se amaria qualquer um dos membros do Corpo de Cristo. O que isso significa de fato? Que a graça está em todo lugar.[18]

---

[18] P. 178.

CAPÍTULO DOIS

O IMPOSTOR

Leonard Zelig é um *nebbish* (palavra em iídiche para se referir a um *nerd*, ou seja, uma pessoa inepta, no sentido coloquial) no sentido mais puro. No hilariante e provocador *Zelig* (1983, direção de Woody Allen), Leonard é uma celebridade inexpressiva que se encaixa em qualquer lugar porque, na verdade, muda a personalidade a cada situação que surge. Ele participa de um desfile pelas ruas de uma cidade, posa com os ex-presidentes norte-americanos Herbert Hoover e Calvin Coolidge, brinca com o boxeador Jack Dempsey e conversa sobre teatro com o dramaturgo Eugene O'Neill. Quando Hitler organiza um comício em Nuremberg para seus colaboradores, Leonard está com ele no palanque.

Ele não tem personalidade própria, por isso assume a de qualquer pessoa com quem se depara. Com os chineses, ele é chinês desde garotinho. Com os rabinos, a barba e os cachinhos dos dois lados do rosto crescem de maneira milagrosa. Imita o jargão dos psiquiatras e coça o queixo, numa atitude de solene sabedoria. No Vaticano, participa da comitiva do papa Pio XI. Nos treinos de beisebol, usa o uniforme dos Yankees e espera sua vez de rebater, logo depois de Babe Ruth. Ele assume a pele negra de um trompetista de jazz, a gordura de um homem obeso, a silhueta do índio mohawk. É um camaleão. É capaz de alterar a cor da pele, o sotaque e a forma física conforme o mundo à sua volta muda. Não tem ideias ou opiniões próprias; apenas se ajusta. Quer apenas estar seguro, se adaptar, ser aceito, ser valorizado [...] Ele é famoso por ser um zé-ninguém, o "famoso quem".[1]

Eu poderia repudiar a caricatura que Woody Allen faz das pessoas que querem agradar todo mundo, não fosse o fato de eu ver tantas características de Leonard Zelig em mim. Esse sujeito afetado, fruto de meus desejos egocêntricos, usa milhares de máscaras. O brilho de minha imagem precisa ser preservado a qualquer custo.

O impostor em mim treme só de pensar na possibilidade de provocar insatisfação ou ira nos outros. Incapaz de ser franco, ele se protege, dissimula, procrastina e se cala pelo medo da rejeição. Como James Masterson escreveu em *The Search for the Real Self*: "O falso 'eu' desempenha sua farsa, protegendo-nos de modo ostensivo — mas o faz de acordo com uma programação cujo objetivo é nos fazer temer o abandono, a falta de apoio, a incapacidade de enfrentar a vida por conta própria".[2]

O impostor vive com medo. Por vários anos me orgulhei de ser uma pessoa pontual. Mas no silêncio e na solidão da cabana no Colorado aprendi que as raízes de meu comportamento previsível estavam fincadas no medo de não ser aprovado pelas pessoas. Vozes repressoras de figuras autoritárias de minha infância continuam gravadas em minha psique e disparam sinais de alerta de censura ou consentimento.

---

[1] Walter J. BURGHARDT, *To Christ I Look*, p. 15. Extraído de "Zapping the Zelig", presente em outra coleção de suas homilias (comentários ao evangelho), *Still Proclaiming Your Wonders*. Por meio de seus livros, ele me orientou no uso eficiente de filmes, romances, poesias, músicas e outras palavras e símbolos norte-americanos contemporâneos para comunicar o evangelho. O jornal Tablet de Londres chama Burghardt de "o grande sábio entre os homiliastas norte-americanos".
[2] P. 67.

Impostores se preocupam com aceitação e aprovação. Por causa da necessidade sufocante de agradar os outros, não conseguem dizer "não" com a mesma convicção que dizem "sim". Assim, fazem das pessoas, dos projetos e das causas extensões de si, motivados não pelo compromisso pessoal, mas pelo medo de não corresponder às expectativas das pessoas.

O falso "eu" nasce quando, ainda crianças, deixamos de ser amados, somos rejeitados ou abandonados. John Bradshaw define a codependência como uma doença "caracterizada pela perda da identidade. Ser codependente é perder o contato com os próprios sentimentos, as necessidades e os desejos".[3]

O impostor é o codependente clássico. Para ser aceito e aprovado, o falso "eu" anula ou disfarça os sentimentos, tornando impossível a honestidade emocional. A sobrevivência do falso "eu" gera o desejo compulsivo de apresentar uma imagem de perfeição diante do público, de maneira que todos nos admirem e ninguém nos conheça. A vida do impostor se transforma numa montanha russa de júbilo e depressão.

O falso "eu" se envolve em experiências externas para dispor de uma fonte pessoal de significado. A busca por dinheiro, poder, *glamour*, proezas sexuais, reconhecimento e *status* potencializa a autovalorização e cria a ilusão de sucesso. O impostor é aquilo que ele faz.

Durante muitos anos, o desempenho ministerial era um modo de me esconder de meu verdadeiro "eu". Criei uma identidade por meio de sermões, livros e histórias que contava. Raciocinava da seguinte maneira: se a maioria dos cristãos tinha um bom juízo a meu respeito, então não havia nada errado comigo. Quanto mais investia no sucesso ministerial, mais real se tornava o impostor.

O impostor nos predispõe a dar importância àquilo que não é importante de fato, revestindo de falso brilho o que é menos

[3] *Home Coming*, p. 8.

substancial e nos afastando do que é real. O falso "eu" nos faz viver num mundo de ilusões. O impostor é um mentiroso.

O falso "eu" faz o possível para impedir que enxerguemos a realidade do vazio que há em nós. Não conseguimos reconhecer a escuridão que temos por dentro. Ao contrário, o impostor apregoa sua escuridão como se fosse a luz mais intensa, disfarçando a verdade e distorcendo a realidade. Isso me traz à mente as palavras do apóstolo João: Se dissermos que não temos pecado nenhum, a nós mesmos nos enganamos, e a verdade não está em nós" (1Jo 1:8).

Ao implorar pela aprovação negada na infância, o falso "eu" vagueia de um dia para o outro, incapaz de saciar seu apetite por afirmação. Mantendo minha fachada de papelão intacta, entro numa sala cheia de pessoas, precedido por clarins que anunciam: "Aqui estou!", enquanto o "eu" verdadeiro, oculto com Cristo em Deus, lamenta: "Ah, aí está você!". O impostor é como o álcool para o alcoólico: sagaz, perturbador e poderoso. Ele é traiçoeiro.

Em *Glittering Images*, um dos primeiros romances de Susan Howatch, o personagem principal é Charles Ashworth, jovem e brilhante teólogo anglicano que, de repente, enfrenta a ruína moral. Distanciado do pai, cuja bênção deseja muito, Ashworth vai a um monastério para se encontrar com seu mentor espiritual, um homem mais velho chamado Jon Darrow. Ashworth tem medo de ficar conhecido como clérigo corrupto e espiritualmente fracassado. Astuto, o impostor procura convencê-lo:

> Só aquele fracasso horroroso já era suficientemente aterrador, mas pensar na decepção de Darrow era intolerável. Em pânico, tentei imaginar uma solução que protegesse minha vulnerabilidade, e quando Darrow voltou ao meu quarto naquela noite, aquela minha fachada brilhosa lhe disse: "Queria muito que o senhor me falasse mais a seu respeito, padre. Há tanta coisa que gostaria de saber".
>
> Quando terminei de falar, senti-me mais tranquilo. Aquela era uma técnica infalível para conquistar a boa vontade de anciãos. Pergunto sobre seu passado, ouço com o interesse ardente do

discípulo exemplar e sou recompensado com uma demonstração gratificante de benevolência paternal que ignora todas as falhas e culpas que eu estava tentando encobrir com tanto empenho. "Fale-me sobre quando serviu na Marinha!".

Para instigar Darrow, usei todo o entusiasmo e o charme de que dispunha, mas embora eu esperasse confiadamente por uma reação que anestesiasse o medo de estar sendo inconveniente, Darrow ficou quieto [...] Fez-se novo silêncio quando compreendi, de modo doloroso, as maquinações de minha fachada.[4]

O impostor está atento ao tamanho, à forma e à cor das ataduras que encobrem minha insignificância. O falso "eu" me convence a ficar preocupado com meu peso. Se tomo meio litro de sorvete Häagen-Dasz de baunilha com amendoim e a balança sinaliza o perigo na manhã seguinte, fico desanimado. Um lindo dia de sol acena para mim, mas o impostor, absorvido pelos próprios cuidados, acha que isso já perdeu a graça.

Acho que Jesus fica rindo dessas pequenas vaidades (conferir minha aparência no reflexo da vitrine de uma loja, enquanto finjo olhar as mercadorias), mas elas desviam minha atenção do Deus que habita em mim e, por algum tempo, me roubam a alegria do Espírito Santo. O falso "eu" se aproveita de minha preocupação com a silhueta e a aparência para sussurrar: "Essa aparência gorda e descuidada compromete a credibilidade de seu ministério". Muito esperto.

Acho que não estou sozinho nisso. A obsessão narcisista com o peso é um recurso muito engenhoso do impostor. Apesar de a saúde ser um fator válido e importante, a quantidade de energia e tempo dedicada a adquirir e manter um corpo esbelto é absurda. Nenhum salgadinho fora de hora, nenhuma mordiscada espontânea, toda caloria anotada e todo morango registrado.

[4] P. 278.

Todos procuram a orientação de profissionais, livros e revistas sobre alimentação e dieta. *Spas* para o cuidado com a saúde recebem subsídios e os méritos da dieta à base de proteínas são debatidos em rede nacional. O que é um êxtase espiritual comparado com o prazer maravilhoso de se parecer com um modelo? Parafraseando o cardeal Wolsey: "Ah, se eu tivesse servido a Deus da mesma forma que cuidei de minha cintura...".

O impostor exige atenção. Seu anseio por elogios é o combustível de sua busca fútil pela satisfação carnal. Sua fachada é sua identidade. A aparência é tudo. Ele distorce o sentido da expressão esse *quam videri* ("ser, em vez de parecer") de maneira que a aparência se torna seu *modus operandi*.

Na metade da leitura de um livro recém-publicado, vi que o autor citara algo de minha autoria. Na mesma hora senti uma grande alegria e fui tomado pela arrogância. Mas quando busquei a Jesus em oração e fiz contato com o verdadeiro "eu", o impostor — sempre presente — foi mais uma vez exposto. "Cada um vive à sombra de uma pessoa ilusória: o falso 'eu'", observa Thomas Merton. Ele prossegue explicando:

> Esse é o homem que eu mesmo quero ser, mas que não pode existir porque Deus não sabe nada a seu respeito. E ser desconhecido de Deus é excesso de privacidade. O "eu" falso e privado é o que quer existir fora do alcance da vontade e do amor de Deus — fora da realidade e da vida. Esse "eu" não consegue ser mais que uma ilusão. Não somos muito bons em reconhecer ilusões, menos ainda as que nos são mais caras, como aquelas com as quais nascemos e que nutrem as raízes do pecado. Para a maioria das pessoas, não há realidade subjetiva maior do que o falso "eu", que não pode existir. A dedicação ao culto dessa sombra é o que se chama de "vida de pecado".[5]

---

[5] Citado por James FINLEY, *Merton's Palace of Nowhere*, p. 34.

A noção de Merton do pecado não se concentra basicamente em cada ato pecaminoso, mas na opção básica por uma vida de fingimento. "Pode haver apenas dois amores fundamentais", escreveu Agostinho. "Amar a Deus até esquecer de si ou amar-se até esquecer e negar a Deus". A opção básica surge da essência de nosso ser e está encarnada nas escolhas específicas do cotidiano — tanto para o "eu" obscuro, governado por desejos egocêntricos, quanto para o verdadeiro, escondido com Cristo em Deus.

É bom compreender que nem todos os atos humanos procedem da essência de nosso ser. Por exemplo, um marido é sincero ao fazer os votos do casamento, nos quais promete amar e honrar a esposa. Mas, num dia quente de verão, perde a paciência e entra numa discussão calorosa com ela. Mesmo assim, ele não voltou atrás em sua opção, pois a raiva surge da periferia da personalidade, não das profundezas da alma. Tal ato não diz respeito à essência de sua existência nem representa um comprometimento integral de sua pessoa.

A identidade dos impostores não é resultado apenas de suas conquistas, mas também dos relacionamentos interpessoais. Querem ficar bem com pessoas de prestígio porque isso potencializa o currículo e o senso de valor próprio.

Numa noite solitária, nas Rochosas do Colorado, ouvi esta mensagem:

> Brennan, você dedica atenção e presença totais a determinados membros da comunidade, mas mal tem tempo para outros. Os que têm prestígio, riqueza e carisma, os que você considera interessantes, charmosos, belos ou famosos, recebem total atenção, mas as pessoas que você considera simplórias ou broncas, as de classes mais baixas, que executam tarefas servis, os que não são tema de música nem motivo de celebração, esses não são tratados com a mesma consideração. Isso não é uma questão irrelevante para mim, Brennan. Seu jeito de tratar os outros no dia a dia, independentemente da posição que ocupam, é o verdadeiro teste da fé.

Mais tarde, naquela noite, enquanto tirava uma soneca, imagens contrastantes dançavam na tela da minha mente: Carlton Hayes, um atleta de corpo magnificamente talhado aos vinte e poucos anos, um metro e noventa de altura, 84 quilos, pula numa cama elástica com o brilho irresistível de um sorriso digno de um comercial de pasta de dentes. Uma multidão se reúne. Ele começa a pular corda — uma demonstração fascinante de coordenação, agilidade e graça. A platéia vibra. "Louvado seja o Senhor", grita o atleta.

Enquanto isso, Moe, um de seus ajudantes, se aproxima com uma garrafa de Gatorade. Com pouco mais de cinquenta anos, Moe tem 1,62 metro e é barrigudo. Usa um terno amarrotado, camisa com o colarinho aberto e gravata torta. Moe tem uma pequena faixa de cabelo embaraçado que vai das têmporas até a nuca, onde desaparece numa moita de cabelo meio grisalho.

O pequeno ajudante tem a barba por fazer. Suas bochechas gordas e caídas e um olho de vidro fazem os olhos da plateia se desviarem logo. "É um sujeito bronco e patético", diz um homem. "Apenas um deslumbrado que se aproveita do prestígio do artista", acrescenta outro.

Moe não é uma coisa nem outra. Seu coração está firmado em Cristo, no amor do Pai. Movimenta-se com naturalidade pelo meio da multidão e entrega graciosamente o Gatorade para o herói. Tal como a mão numa luva, ele está bem à vontade no papel de servo (foi assim que Jesus manifestou-se pela primeira vez a Moe, transformando sua vida). Moe se sente seguro de si.

Nessa noite, Carlton Hayes fará o discurso principal no banquete da Associação dos Atletas Cristãos, egressos de toda parte dos Estados Unidos. Além disso, será homenageado com um troféu de cristal por ser o primeiro atleta a ganhar oito medalhas olímpicas.

Cinco mil pessoas se reúnem no hotel Ritz-Carlton. Celebridades do mundo da política, dos esportes e do espetáculo estão espalhados por todo o salão. A multidão está quase no fim de uma refeição suntuosa quando Hayes ocupa a tribuna. O discurso é repleto de referências ao poder de Cristo, num tom de explícita gratidão a Deus. Corações são tocados, homens e mulheres choram sem constrangimento e, em seguida, o aplaudem de pé.

Mas, por trás do discurso brilhante, o olhar vago de Carlton revela que suas palavras não habitam sua alma. O estrelato corroeu sua caminhada com Jesus. A intimidade com Deus foi ficando distante até sumir. O sussurrar do Espírito foi abafado pelo aplauso ensurdecedor.

Sustentado pelo sucesso e pelo som da multidão, o herói olímpico move-se com agilidade de uma mesa a outra. Cumprimenta a todos com simpatia — desde os garçons até as estrelas de cinema.

Enquanto isso, no quarto do hotel Red Roof Inn, Moe prepara sozinho sua comida congelada no forno de micro-ondas. Não foi convidado para participar do banquete no Ritz-Carlton porque, para ser bem sincero, ele simplesmente não se encaixaria ali. Com certeza, aquele não seria o lugar mais apropriado para um ajudante bronco, barrigudo e com olho de vidro puxar uma cadeira e sentar ao lado de pessoas como Ronald Reagan, Charlton Heston e Arnold Schwarzenegger.

Moe senta-se à mesa de seu quarto de hotel e fecha os olhos. O amor de Cristo o invade. Seus olhos se enchem de lágrimas. "Obrigado, Jesus", ele sussurra, enquanto retira a cobertura plástica da lasanha esquentada no micro-ondas. Ele folheia a Bíblia até chegar no salmo 23.

Eu também estava no sonho. Onde escolhi passar a noite? O impostor alugou um *smoking* e fomos ao Ritz. Na manhã seguinte, acordei às quatro da madrugada na cabana, tomei um banho, fiz a barba, preparei uma xícara de café e folheei a Bíblia. Meus olhos se fixaram numa passagem de 2Coríntios: "De modo que, de agora em diante, a ninguém mais consideramos do ponto de vista humano" (5:16, NVI). Ai! Arrasto o falso "eu" até para meus sonhos.

Eu me identifico com Charles Ashworth, personagem do romance de Howatch, quando seu mentor espiritual comenta:

— Charles, seria exagero se eu deduzisse, a partir de suas observações, que ser admirado e aprovado são coisas muito importantes para você?

— Bem, é claro que elas são importantes — Ashworth responde. — Não são importantes para todo mundo? A vida não tem tudo a ver com isso? Sucesso é fazer as pessoas gostarem de você e o aprovarem. Fracasso é ser rejeitado. Todo mundo sabe disso.[6]

A triste ironia é que o impostor não sabe o que é ter intimidade em nenhum relacionamento. Seu narcisismo exclui os outros. Incapaz de intimidade consigo, desconectado dos próprios sentimentos, intuições e percepções, o impostor é insensível aos humores, às necessidades e aos sonhos de outras pessoas. Compartilhar alguma coisa é impossível.

O impostor construiu a vida a partir das conquistas, do sucesso, do ativismo e de atividades autocentradas que geram recompensas e elogios dos outros. James Masterson afirmou:

> Faz parte da natureza do falso "eu" nos impedir de conhecer a verdade sobre nós mesmos, de penetrar nas causas profundas de nossa infelicidade, de nos vermos como realmente somos: vulneráveis, medrosos, apavorados e incapazes de deixar que o "eu" verdadeiro se exponha.[7]

Por que o impostor leva a vida de um modo tão medíocre? Em primeiro lugar, porque as memórias reprimidas da infância, que formaram o padrão do autoengano, são dolorosas demais para serem lembradas, por isso permanecem cuidadosamente encobertas. Vozes tênues do passado suscitam sentimentos vagos de castigos raivosos e abandono implícito. O resumo que Masterson faz é apropriado:

---

[6] Susan HOWATCH, *Glittering Images*, p. 162.
[7] James MASTERSON, *The Search for the Real Self*, p. 63.

O falso "eu" possui um radar defensivo altamente desenvolvido cujo propósito é evitar sentimentos de rejeição, embora sacrifique a necessidade de intimidade. O sistema é construído durante os primeiros anos de vida, quando é importante detectar o que pode causar a desaprovação da mãe.[8]

A segunda causa de o impostor levar a vida de modo medíocre é a simples e velha covardia. Quando criança, eu até achava alguma justificativa para admitir uma culpa menor e evitar um castigo maior, sob a alegação de que era impotente e indefeso. Mas no outono de minha vida, fortalecido com tanto amor e afeição e calejado em juras eternas, devo dolorosamente reconhecer que ainda funciono baseado no medo. Fiquei mudo em situações de injustiça flagrante. Enquanto o impostor cumpria muito bem seu papel, eu assumia uma postura passiva nos relacionamentos, sufocava a criatividade, negava meus sentimentos reais, permitia-me ser intimidado pelos outros, e então justificava meu comportamento convencendo-me de que o Senhor queria que eu fosse um instrumento de paz... A que preço?

Merton disse que uma vida dedicada à sombra é uma vida de pecado. Tenho pecado por causa de minha recusa covarde — por causa do medo da rejeição — em pensar, sentir, agir, reagir e viver o "eu" autêntico. É claro que o impostor...

> ... refuta, de maneira ferrenha, que a raiz do problema não é tão importante e deveria ser ignorada; que homens e mulheres "maduros" não ficariam tão aborrecidos por causa de algo tão banal; que o equilíbrio deve ser mantido, mesmo que isso signifique colocar limites irracionais nas esperanças e nos sonhos pessoais, aceitando a vida em sua forma mais medíocre.[9]

[8] Id., p. 66.
[9] Id., p. 65.

NÓS NOS RECUSAMOS a ser o "eu" verdadeiro até mesmo diante de Deus — e aí nos perguntamos por que nos falta intimidade com ele. O desejo mais ardente do nosso coração é a união com Deus. Desde o primeiro momento da existência, o anseio mais forte é cumprir o propósito original de nossa vida: "Vê-lo com mais clareza, amá-lo com mais ardor, segui-lo mais de perto". Somos criados para Deus, e nada menos pode nos satisfazer de fato.

C. S. Lewis pôde dizer que foi "surpreendido pela alegria", tomado por um desejo que fez "tudo o mais que já aconteceu [...] insignificante, se comparado". Nosso coração sempre estará inquieto até que descanse nele. Jeffrey D. Imbach, em *The Recovery of Love*, escreveu: "A oração é, essencialmente, a expressão de nosso coração que anseia por amor. Não é tanto a lista de nossos pedidos, mas nossa aspiração mais profunda: estar unidos com Deus da forma mais completa possível".[10]

Você já se sentiu bloqueado por certa resistência interna à oração? Pelo pavor existencial do silêncio, da solidão e de se ver sozinho diante de Deus? Pelo esforço que faz pela manhã, quando se arrasta da cama para louvar a Deus, movendo-se pesadamente para adorar com o torpor sacramental de um doente terminal, suportando a oração noturna com resignação estoica, sabendo que "isso também passará"? Cuidado com o impostor!

O falso "eu" é especializado em disfarces traiçoeiros. É a parte preguiçosa do ser, que resiste ao esforço, ao ascetismo e à disciplina que a intimidade com Deus requer. Ele inspira justificativas tais como: "Meu trabalho é minha oração, e estou muito ocupado. A oração deve ser algo espontâneo, por isso só oro quando me sinto movido pelo Espírito". As desculpas esfarrapadas do falso "eu" nos fazem acomodar.

O impostor tem pavor de ficar sozinho. Ele sabe "que se ficar quieto, por dentro e por fora, descobrirá por si que não é nada.

---

[10] P. 62-63.

Será deixado sem nada além de sua insignificância, e para o falso "eu" que afirma ser tudo, tal descoberta seria a ruína".[11]

Sem dúvida, o impostor fica aflito durante a oração. Ele anseia por coisas estimulantes, suplica por experiências que mexam com seu estado de espírito. Fica deprimido quando é privado dos holofotes. O falso "eu" se frustra porque nunca ouve a voz de Deus. Não consegue, uma vez que Deus não vê ninguém ali. A oração é a morte de toda identidade que não procede de Deus.

O falso "eu" foge do silêncio e da solidão porque o lembram da morte. O autor Parker Palmer afirmou:

> Ficar completamente quieto e inalcançável na solidão são dois sinais de que a vida se foi, enquanto a atividade e a comunicação intensa não apenas indicam vida, como também ajudam a esquecer que nossa vida um dia cessará.[12]

O estilo de vida frenético do impostor não tolera a inspeção da morte porque ela o confronta com a verdade insuportável:

> Não há qualquer substância sob suas roupas. Você é oco, e sua estrutura de prazer e ambições não tem base sólida. Nelas, você se torna um objeto. Mas todas estão destinadas, por sua própria contingência, a serem destruídas. E quando elas se forem, não sobrará nada, além de nudez e vazio, para mostrar que você é seu próprio erro.[13]

Dissecar a anatomia do impostor parece um exercício masoquista de autoflagelo. Essa introspecção mórbida não seria decretação da própria derrota? Ela é realmente necessária?

---

[11] James FINLEY, *Merton's Place of Nowhere*, p. 36.
[12] The Monastic Way to Church Renewal. Este artigo é encontrado em *Desert Call*, periódico trimestral publicado pelo Spiritual Life Institute of America.
[13] Thomas MERTON. *New seeds of Contemplation*, p. 35.

Continuo afirmando que não é apenas necessária, mas indispensável para o crescimento espiritual. O impostor precisa ser tirado de seu esconderijo, assumido e reconhecido. Ele faz parte de meu ser. Tudo o que é negado não pode ser curado. Reconhecer, com humildade, que costumo viver num mundo irreal, que banalizei meu relacionamento com Deus e que sou conduzido por ambições inúteis é o primeiro golpe para desmontar minha fachada. A honestidade e a disposição de subjugar o falso "eu" tira do caminho a armadilha do autoengano.

A paz reside na aceitação da verdade. Qualquer faceta do "eu" obscuro que nos recusamos a reconhecer torna-se a inimiga e nos força a assumir posturas defensivas. Como Simon Tugwell escreveu:

> E os pedaços descartados de nós rapidamente encarnarão naqueles que nos rodeiam. Nem toda hostilidade é decorrente disso, mas é o principal motivo de nossa incapacidade de competir com outras pessoas, pois elas representam exatamente aqueles elementos que nos recusamos a reconhecer.[14]

Quando confrontamos o egoísmo e a estupidez, conhecemos melhor o impostor e, assim, podemos aceitar nossa pobreza e debilidade; aí percebemos que, se não fôssemos assim, seríamos o próprio Deus. A arte da autocondescendência nos leva a ser condescendentes com os outros — e é pré-requisito natural para entrar na presença de Deus em oração.

Odiar o impostor é, na verdade, odiar-se. O impostor e o "eu" constituem uma pessoa. Menosprezar o impostor abre espaço para a hostilidade, que se manifesta numa irritabilidade generalizada — irritação com aquilo que odiamos em nós mesmos e vemos nos outros. Odiar-se sempre gera algum tipo de comportamento autodestrutivo.

---

[14] Simon TUGWELL, *The Beatitudes: Soundings in Christian Tradition*, p. 112.

Aceitar a realidade de nosso pecado significa aceitar o "eu" autêntico. Judas não conseguiu encarar a própria sombra; Pedro conseguiu. Pedro reconheceu o impostor dentro de si; Judas enfureceu-se contra o impostor. "O suicídio não acontece num impulso repentino. É um ato ensaiado durante anos de um padrão de comportamento punitivo inconsciente".[15]

Há anos, Carl Jung escreveu:

> A autoaceitação é a essência do problema moral como um todo e o epítome de uma perspectiva integral para a vida. Que dou comida aos pobres, que perdoo um insulto, que amo meu inimigo em nome de Cristo — todas essas são, sem dúvida, grandes virtudes. O que faço para o menor dos meus irmãos, o faço para Cristo. Mas, e se descubro que o menor entre todos eles, o mais pobre de todos os mendigos, o mais pervertido de todos os infratores, o próprio inimigo em pessoa — todos estão dentro de mim, e que eu mesmo preciso das esmolas de minha benevolência; que eu mesmo sou o inimigo que precisa ser amado? E aí? Via de regra, nesse caso, revertemos a atitude cristã. Deixa de ser uma questão de amor ou longanimidade. Dizemos ao irmão dentro de nós: "Raca". Condenamos e nos enfurecemos contra nós mesmos. Escondemos isso do mundo; nos recusamos até mesmo a admitir que encontramos esse menor entre os menores dentro de nós.[16]

Quando aceitamos a verdade do que realmente somos e a submetemos a Cristo, somos envolvidos pela paz, quer nos sintamos em paz ou não. Com isso quero dizer que a paz que excede todo o entendimento não é uma sensação subjetiva — se estamos em Cristo, estamos em paz, mesmo quando não sentimos nenhuma paz.

Com a benevolência e a compreensão a respeito da fraqueza humana que somente Deus consegue mostrar, Jesus nos liberta da

---

[15] Philomena AGUDO, *Intimacy*, p. 21.
[16] C. J. JUNG, *Modern Man in Search of a Soul*, p. 235.

alienação e da autocondenação e oferece a cada pessoa uma nova possibilidade. Ele é o Salvador que nos defende de nós mesmos. Sua Palavra é liberdade. O Mestre nos diz:

> Queime os antigos cordões em volta de sua cabeça, que o amarram e o prendem a um estereótipo autocentrado. Ouça o novo cântico de salvação escrito para os que sabem que são pobres. Deixe o medo que tem do Pai e a antipatia que tem de si. Lembra-se da história de *Dom Quixote*? O Cavaleiro dos Espelhos mentiu para ele quando disse: "Veja-se como realmente é. Descubra que você não é um nobre cavaleiro, mas o espantalho ridículo de um homem".
>
> O Encantador mente para você quando diz: "Não és um cavaleiro, não passas de um tolo fingido. Olha no espelho da realidade. Contempla as coisas como são. O que vês? Nada, além de um velho tolo". O Pai das Mentiras torce a verdade e distorce a realidade. É o autor do cinismo e do ceticismo, da desconfiança e do desespero, do pensamento doentio e do ódio contra si. Eu sou o Filho da compaixão. Você me pertence, e ninguém o tirará de minha mão.

Jesus desvenda os verdadeiros sentimentos de Deus a nosso respeito. À medida que folheamos os evangelhos, descobrimos que as pessoas que Jesus encontra ali são você e eu. A compreensão e a compaixão que oferece a elas também oferece a você e a mim.

No vigésimo e último dia de minha estada nas Rochosas do Colorado, escrevi esta carta:

> Bom dia, impostor. Com certeza, você está surpreso com essa saudação cordial. Provavelmente esperava um "olá, seu burro", pois o estou atacando desde o primeiro dia deste retiro. Deixe-me começar admitindo que tenho sido irracional, ingrato e injusto ao avaliá-lo. (É claro que você sabe que, ao me dirigir a você, estou conversando comigo. Você não é algo isolado, uma entidade despersonalizada vivendo num asteroide, mas uma parte real de mim.)

Hoje, venho a você não com uma vara na mão, mas com um ramo de oliveira. Quando ainda era criança e me dei conta pela primeira vez de que não podia contar com ninguém, você interveio e mostrou onde eu poderia me esconder. (Na Grande Depressão dos anos 1930, você se lembra, meus pais estavam fazendo o melhor que podiam com o pouco que tinham só para garantir comida e um teto.)

Naquele momento, você foi inestimável. Sem sua intervenção, teria sido esmagado pelo terror e paralisado pelo medo. Você me defendeu e desempenhou um papel crucial ao me proteger durante meu desenvolvimento. Obrigado.

Quando tinha quatro anos de idade, você me ensinou como construir uma cabana. Lembra-se da brincadeira? Eu rastejava da cabeceira até os pés da cama e puxava o lençol, a coberta e o travesseiro para cima de mim. Acreditava de verdade que ninguém me encontraria. Eu me sentia seguro. Ainda fico impressionado de lembrar como funcionava bem. Minha mente era ocupada por pensamentos felizes, meu sorriso era espontâneo, e começava a gargalhar sob as cobertas. Construímos juntos aquela cabana porque o mundo em que habitávamos não era um lugar amistoso.

Contudo, durante o processo de construção você me ensinou a esconder de todos o "eu" verdadeiro e iniciou um processo de dissimulação, repressão e retração que durou por toda a vida. Seus recursos me capacitaram a sobreviver. Mas foi então que seu lado malévolo surgiu e você começou a mentir para mim. "Brennan", sussurrava, "se insistir nessa bobagem de ser você mesmo, seus poucos e pacientes amigos vão se revoltar, deixando-o completamente sozinho. Esconda os sentimentos, apague as lembranças, guarde as opiniões e desenvolva habilidades sociais para que possa se adaptar em qualquer situação".

Assim começou o complexo jogo de fingimento e engano. Por ter funcionado, não levantei nenhuma objeção. Com o passar dos anos, *você-eu* suportamos golpes de todos os lados. Fomos arrogantes e concluímos que o jogo deveria continuar.

Mas você precisava de alguém capaz de controlá-lo. Eu não tinha discernimento nem coragem para domá-lo, por isso você continuou a fazer barulho como um comandante que ameaça invadir uma cidade, ganhando impulso pelo caminho. Seu apetite por atenção e afirmação tornou-se insaciável. Nunca o confrontei em relação à mentira porque eu mesmo estava enganado.

No fim das contas, amigo mimado, você é pobre e egoísta. Precisa de carinho, amor e um lugar seguro para habitar. Neste último dia nas Rochosas, meu presente é levá-lo ao lugar onde, sem saber, você tem desejado muito estar — na presença de Jesus. Seus dias de arruaceiro ficaram para trás. A partir de agora, diminua o ritmo, diminua muito o ritmo.

Na presença de Deus, vejo que você começou a encolher. Quer saber de uma coisa, rapazinho? Você é muito mais atraente desse jeito. A partir de agora, seu apelido será *Miudinho*. É claro que você não vai ter um ataque e morrer de uma hora para outra. Sei que, às vezes, ficará entediado e começará a se manifestar, mas quanto mais tempo passar na presença de Jesus, mais se acostumará com a face do Salvador e menos precisará de adulação, pois descobrirá que ele é o Suficiente. Na Presença, você se deliciará ao descobrir o que é viver pela graça, e não por obras.

Seu amigo,
Brennan.

CAPÍTULO TRÊS

O AMADO

Depois de descobrir que o emprego como professor universitário havia chegado ao fim porque seu registro fora recusado e que a esposa, de quem estava separado, vivia com outro homem, William Least Heat Moon deixou tudo para explorar os "caminhos da desolação" — as estradas vicinais da América do Norte.

Certa manhã, enquanto tomava café na lanchonete do campus do Mississipi College, em Clinton,

> ...um estudante com cabelo ralinho, usando roupas informais, sentou-se diante de uma imensa pilha de panquecas. Tratava-se de um sujeito metódico. Depois de orar por quase um minuto, tirou da pasta um apoio para Bíblia, clipes para manter o livro aberto, canetas hidrográficas verde, rosa e amarela, depois uma bisnaga de margarina líquida, uma garrafa de calda para panqueca embrulhada em plástico, um guardanapo de linho e uma daquelas toalhinhas de papel com aroma de limão. Aquela cena lembrava os antigos números de circo em que doze homens saíam de um carrinho minúsculo [...] Pensei que ele ainda tiraria da pasta um Water-Pik[1] e a Arca da Aliança.[2]

---

[1] Aparelho de limpeza dos dentes com jato d'água de alta pressão. (N. do T.)
[2] *Blue Highways*, p. 108-109.

Nesse pequeno relato, Moon fornece um vislumbre do "eu" verdadeiro — autêntico, sincero, imerso na vida, absorvido pelo momento presente, respirando Deus de maneira tão natural quanto um peixe dentro d'água. A espiritualidade não é um compartimento ou uma esfera da vida. Antes, é um modo de viver — o processo da vida a partir da perspectiva da fé. A santidade está em descobrir, perseguir e viver o "eu" verdadeiro.

Com o passar dos anos no monastério, Thomas Merton começou a compreender que o estágio mais elevado de desenvolvimento espiritual consiste em ser "comum", em...

> ... se tornar um homem pleno, e de tal maneira que poucos seres humanos conseguem ser, tão simples e naturalmente, eles mesmos [...] do mesmo jeito que as demais pessoas deveriam ser, se a sociedade não as tivesse pervertido com a ganância, a ambição, a cobiça ou o desejo desesperado por possuir tudo.[3]

John Eagan, morto em 1987, era um homem comum. Professor discreto de um colégio em Milwaukee, passou trinta anos ministrando aos jovens. Nunca escreveu um livro, apareceu na televisão, converteu grandes massas ou conquistou fama de homem santo. Ele comia, dormia, bebia, fazia trilhas de bicicleta, perambulava pelo bosque, dava aulas e orava. Também mantinha um diário, publicado logo depois de sua morte. Era a história de um homem comum cuja alma fora atraída e cativada por Jesus Cristo. A introdução diz:

> A questão principal do diário de John é o fato de sermos os maiores obstáculos para alcançar a nobreza da alma — que é exatamente o significado da santidade. Consideramo-nos servos indignos, e esse juízo torna-se uma profecia que a própria vida se encarrega

---

[3] Monica FURLONG, Merton: A Biography, p. 18.

de cumprir. Julgamo-nos insignificantes demais para sermos usados por Deus, mesmo sendo ele capaz de realizar milagres usando apenas lama e saliva. Assim, nossa falsa humildade agrilhoa um Deus que, ao contrário, é onipotente.[4]

Eagan, homem imperfeito, com fraquezas evidentes e defeitos de caráter, aprendeu que o quebrantamento é próprio da condição humana e que devemos nos perdoar por não sermos amáveis, por sermos incoerentes, incompetentes, irritadiços e gulosos. Ele sabia que seus pecados não podiam afastá-lo de Deus: todos foram cobertos pelo sangue de Cristo. Tomado pelo arrependimento, levou o "eu" sombrio até a cruz e teve a ousadia de viver como um homem perdoado.

Na jornada de Eagan é possível ouvir ecos de Merton: "Deus está pedindo a mim, o indigno, para esquecer minha indignidade e a de meus irmãos e ousar seguir adiante no amor que redimiu e renovou todos nós à semelhança de Deus. E para, em última análise, rir dessas ideias absurdas de 'merecimento'".[5]

Lutando para reduzir a dimensão do "eu" ilusório, Eagan buscou uma vida de oração contemplativa aliada a uma fidelidade incondicional. Durante seu retiro silencioso anual de oito dias, a revelação do "eu" verdadeiro o atingiu com uma força brutal. Na manhã do sexto dia, ele visitou seu diretor espiritual:

> Naquele dia, Bob falava de maneira bem clara, batendo na mesa com o punho: "... John, este é seu chamado, a maneira de Deus chamar você. Ore para que este amor seja mais profundo, isso mesmo, saboreie esse momento em que Deus está presente. Permita-se ser mais contemplativo, renda-se, liberte-se, busque a Deus..."
>
> Então ele afirma algo que alimentará minhas reflexões durante anos; e o faz conscientemente. Peço que repita para que eu possa

---

[4] *A Traveler Toward the Dawn*, p. XII.
[5] Thomas MERTON, citado por James Finley, *Merton's Palace of Nowhere*, p. 71.

escrever. "John, o ponto essencial dessa questão é: faça do Senhor e de imenso amor dele por você elementos constitutivos de seu valor pessoal. *Defina-se radicalmente como alguém amado por Deus.* O fato de Deus amá-lo e escolhê-lo determina o seu valor. Aceite isso e permita que se torne a coisa mais importante da sua vida."

Discutimos o assunto. A base de meu valor pessoal não é constituída de minhas posses, meus talentos, da admiração dos outros, de minha reputação [...] nem das manifestações de reconhecimento por parte dos pais e filhos, do aplauso ou da importância que todos me atribuem [...] Assim, permaneço firme em Deus, diante de quem me encontro despido — esse Deus que me diz: "Você é meu filho, meu amado"[6] (grifos do autor).

O "eu" comum é o "eu" extraordinário — o zé-ninguém insignificante que treme no frio do inverno e transpira no calor do verão, que acorda de mal com o dia que acabou de nascer, que se senta diante de uma pilha de panquecas, que se impacienta no trânsito, que faz barulho no porão, que faz compras no supermercado, que arranca as ervas daninhas e ajunta as folhas no quintal, que faz amor e bolas de neve, que solta pipa e fica ouvindo o barulho da chuva que cai no telhado.

Enquanto a identidade do impostor procede das conquistas do passado e da adulação dos outros, o "eu" verdadeiro se identifica pelo amor do qual é alvo. Encontramo-nos com Deus no que a vida tem de mais comum — não na busca de êxtases espirituais ou experiências místicas extraordinárias, mas no simples fato de estar vivos.

Escrevendo para um intelectual de Nova York, de quem era amigo íntimo, Henri Nouwen afirmou: "Tudo o que quero lhe dizer é: 'Você é o amado'; e tudo o que espero é que você ouça essas palavras como se tivessem sido ditas com toda a ternura e a força

---

[6] John EAGAN, *op. cit.*, p. 150-151.

que o amor é capaz de conter. Meu único desejo é fazer com que elas reverberem em cada canto de seu ser: 'Você é o amado'".[7] Firmado nessa realidade, o "eu" verdadeiro não precisa de clarins para anunciar sua chegada, nem de um palanque enfeitado para chamar atenção. Ele glorifica a Deus apenas por ser o que é.

O Senhor nos criou para viver em união com ele: esse é o propósito original da vida. E Deus é definido como o próprio amor (1Jo 4:16). Viver com a consciência de ser tão amado é o eixo em torno do qual a vida cristã orbita. Ser o amado é nossa identidade, o centro de nossa existência. Não se trata de mera arrogância, uma ideia inspiradora ou uma designação entre tantas: é o nome pelo qual Deus nos conhece, e o modo como se relaciona conosco.

Como Deus disse: "Quem tem ouvidos, ouça o que o Espírito diz às igrejas. Ao vencedor dar-lhe-ei do maná escondido, bem como lhe darei uma pedrinha branca, e sobre essa pedrinha escrito um *nome novo*, o qual ninguém conhece, exceto aquele que o recebe" (Ap 2:17, grifos do autor).

Se preciso buscar uma identidade fora de mim, então sou seduzido pelo acúmulo de riquezas, pelo poder e pela honra. Ou, então, posso encontrar meu centro de gravidade nos relacionamentos. Por ironia, a própria igreja pode afagar o impostor, conferindo ou negando-lhe honrarias, oferecendo o orgulho de uma posição baseada em desempenho e criando uma ilusão de status por classe e hierarquia.

Quando o fato de pertencer a um grupo de elite ofusca o amor de Deus, quando procuro vida e significado em qualquer outra fonte diferente da minha condição de amado, estou morto espiritualmente. Quando Deus é relegado ao segundo plano, e bobagens ou ninharias são mais importantes, significa que a pérola de grande valor foi trocada por cacos de vidro colorido.

---

[7] *Life of the Beloved*, p. 26.

"Quem sou?", perguntou Merton, e respondeu: "Sou aquele que é amado por Cristo".[8] Esse é o fundamento do "eu" verdadeiro. A condição indispensável para o desenvolvimento e a manutenção da consciência de que somos os amados é dispor de tempo a sós com Deus. Na solidão, ouvimos os murmúrios de nossa baixeza e mergulhamos no mistério do "eu" verdadeiro. Nosso anseio por saber quem somos de fato — qual é a origem de nosso desgosto — nunca será saciado até que confrontemos e aceitemos a solidão. É nela que descobrimos que nossa condição de amados é legítima. Nossa identidade descansa na ternura inexorável de Deus por nós, revelada em Jesus Cristo.

Nossa agitação controlada cria a ilusão de uma existência bem ordenada. Seguimos de crise em crise, reagindo ao urgente e negligenciando o essencial. Continuamos andando em círculos. Ainda fazemos todos os gestos e praticamos todas as ações identificadas como humanas, mas nos assemelhamos a pessoas que se movem sobre as esteiras rolantes dos aeroportos.

A emoção se foi. Não ouvimos mais aquilo que Boris Pasternak chamou de "música interior" desse amor do qual somos alvos. Mike Yaconelli, um dos fundadores da Youth Specialities, conta sobre um tempo em que, abatido e desmoralizado, viajou com a esposa, Karla, até Toronto, no Canadá, para fazer um retiro na comunidade L'Arche (A Arca). Ele foi para lá na esperança de se inspirar vendo as pessoas com deficiências físicas e mentais que viviam no local, ou então de encontrar consolo na presença e na pregação de Henri Nouwen. Em vez disso, encontrou o "eu" verdadeiro. Ele conta a história:

> Foram só algumas horas de silêncio antes de começar a ouvir minha alma falar. Logo depois de ficar sozinho, descobri que não estava sozinho. Deus estava tentando gritar mais alto do que

[8] James FINLEY, *Merton's Palace of Nowhere*, p. 96.

a barulheira da minha vida, e eu não conseguia ouvi-lo. Mas, na quietude e na solidão, seus sussurros falaram alto dentro de minha alma: "Michael, estou aqui. Eu o chamei, mas você não me escutava. Consegue me ouvir, Michael? Amo você. Sempre o amei. E queria muito que me ouvisse dizendo isso. Mas você tem estado tão ocupado, tentando provar a si mesmo que é amado, que nem me ouviu".

Eu o ouvi, e minha alma indolente encheu-se da alegria do filho pródigo. Minha alma foi despertada por um Pai amoroso que me procurava e esperava por mim. Finalmente aceitei minha debilidade [...] Nunca tinha assimilado isso direito. Permita-me explicar: eu sabia que estava alquebrado. Sabia que era pecador. Sabia que decepcionava Deus o tempo todo, mas nunca conseguia aceitar essa minha faceta. Era uma parte de mim que me envergonhava. Sentia sempre a necessidade de pedir perdão, de fugir de minhas fraquezas, de negar quem eu era para me concentrar em quem deveria ser. Estava alquebrado, sim, mas fazia o possível para isso não acontecer mais — ou, pelo menos, para chegar a um lugar em que isso não acontecesse com frequência [...]

Em L'Arche ficou claro para mim que não compreendia bem a fé cristã. Cheguei à conclusão de que era em minha debilidade, impotência e fraqueza que Jesus me fortalecia. Era na aceitação de minha falta de fé que Deus poderia acrescentá-la. Era ao reconhecendo a debilidade que poderia me identificar com a dos outros. Meu dever era me identificar com a dor das pessoas, não aliviá-la. Ministrar era compartilhar, não dominar; entender, não teologizar; cuidar, não consertar.

O que isso tudo significa?

Não sei... e, sendo bem franco, essa é a pergunta errada. Sei apenas que, em momentos específicos da vida, ajustamos o curso. Para mim, aquele foi um desses momentos. Se você olhasse o mapa da minha vida, não perceberia qualquer diferença notável, a não ser por uma ligeira mudança de direção. Só posso dizer que tudo parece diferente agora. Há uma expectativa, um enlevo por causa da presença de Deus em minha vida que nunca experimentei antes. Só posso lhe dizer que, pela primeira vez, posso ouvir Jesus sussurrando todos os dias: "Michael, eu o amo. Você é o amado". E, por alguma estranha razão, isso parece suficiente.[9]

Essa narrativa sem enfeites revela o aroma de um homem sem fingimentos. Nenhuma fachada piedosa, nenhuma falsa modéstia. Algo mudou. Numa noite de muito frio em Toronto, um vaso terreno com pés de barro passou a crer que era o amado. Yaconelli ainda escova os dentes, penteia a barba serrada, veste a calça uma perna de cada vez e se senta com avidez diante de uma grande pilha de panquecas, mas sua alma está coberta de glória.

A ternura de Deus derrubou a resistência de Yaconelli. A esperança foi restaurada. O futuro não parece mais nefasto. Levado cativo pelo *agora*, Yaconelli não tem espaço sobrando para a ansiedade acerca do amanhã. O impostor voltará de vez em quando, mas, no deserto do momento presente, Yaconelli descansa num lugar seguro.

Não estamos olhando para um gigante espiritual da tradição cristã, mas para um cristão comum que se encontrou com o Deus de pessoas comuns — o Deus que pega cafajestes e maltrapilhos pelo cangote e os ergue para que se sentem entre príncipes e princesas de seu povo.

Esse milagre basta para qualquer pessoa? Ou a força da declaração "Deus amou o mundo de tal maneira" foi tão abafada pela retórica religiosa que não ouvimos mais a palavra que revela a ternura de Deus para conosco?

---

[9] Mike YACONELLI, "The Back Door", coluna escrita pelo editor de *The Door*, periódico cristão bimestral mordaz, irreverente, satírico, muitas vezes sério, ocasionalmente superficial, frequentemente provocativo, surpreendentemente espiritual, meu favorito, a assinatura mais divertida e, como diz o anúncio, o presente perfeito para as mentes fechadas.

O QUE MEXEU MAIS COMIGO ao ler a coluna *The Back Door*, de Yaconelli, foi a simplicidade, a honestidade e a franqueza das palavras. Elas estão em claro contraste com a linguagem arrogante dos impostores que se escondem em subterfúgios, ambiguidades e obscurecimentos.

Há muitos anos, no auge do vigor de meu impostor, fiz a resenha do primeiro livro escrito por um colega impostor. Defendi sua prosa, dizendo: "Seus floreios são pura grandiloquência. Todavia, sua diafaneidade incessante possui uma fluidez orgânica, uma turgescência difícil de reproduzir e estranhamente catártica para o leitor". Uau!

Iniciei uma palestra sobre o décimo primeiro passo do programa dos Alcoólicos Anônimos contando a história de um homem em crise que encontra e come um morango. Queria enfatizar a capacidade que ele tinha de viver no momento presente. Então comecei aquilo que considerava uma magnífica explicação do passo, uma interpretação profunda, repleta de reflexões ontológicas, teológicas e espirituais.

Depois do fim da palestra, uma mulher aproximou-se da tribuna e me disse: "Adorei a história sobre o morango". Concordamos que um simples morango teve mais força do que todas as bobagens cheias de pompa que eu dissera.

O vocabulário do impostor é repleto de palavras arrogantes, sem brilho e presunçosas. Seria mera coincidência o fato de não haver no evangelho uma linguagem arrogante ou vazia? Os evangelhos não contêm traços de palavras vãs, de jargões ou expressões sem sentido.

Sem rédeas e indomado, o impostor costuma parecer uma mistura de William Faulkner com os irmãos Marx. Suas declarações lisonjeiras e suas opiniões fervorosas são uma profusão de meias-verdades. Por ser o mestre dos disfarces, pode facilmente passar da humildade fingida para o ouvinte atencioso, o contador de histórias espirituoso, o intelectual arrojado ou o cidadão do mundo. O falso "eu" é hábil no controle pessoal, evitando cuidadosamente qualquer revelação pessoal significativa.

Walker Percy capta essa atitude evasiva na frieza de um trecho do romance *The Second Coming*:

> Ela falava com a tranquilidade das pessoas que, depois da tempestade, têm a voz abafada. O que mexeu com ele não foi a tristeza, o remorso ou a piedade, mas a surpresa. Como pode ser? Como é possível que, num dia, você seja jovem, se case e, no outro dia, caia em si e perceba que sua vida passou como um sonho? Eles se olharam com curiosidade e ficaram se perguntando como puderam perder um ao outro, viver na mesma casa por todos esses anos e passar pelo corredor como fantasmas.[10]

O silêncio não é simplesmente a ausência de barulho nem a interrupção da comunicação com o mundo exterior, mas um processo para se alcançar a tranquilidade. A solidão silenciosa faz avançar para o discurso honesto. Não estou falando de isolamento físico; aqui, solidão significa estar a sós com o Único, conhecer o Outro transcendente e desenvolver a consciência de sua identidade como amado. É impossível conhecer outra pessoa intimamente sem dedicar tempo para ficar junto dela. O silêncio faz da solidão uma realidade. Já se disse: "O silêncio é a solidão colocada em prática".

É bem parecido com a história do executivo falido que procurou um sacerdote que vivia no deserto e se queixou de sua frustração na oração, da imperfeição de sua virtude e do fracasso em seus relacionamentos. O ermitão escutou atentamente a descrição que o visitante fez de suas lutas e decepções na tentativa de levar uma vida cristã. Em seguida, foi até o fundo escuro de sua caverna e saiu de lá com uma bacia e um jarro de água.

"Agora, observe a água enquanto a derramo na bacia", ele disse. A água espalhou-se pelo fundo e pelas laterais do recipiente. Estava

---

[10] P. 124. Dois romances de Percy, *The Moviegoer* (que ganhou o prêmio Pulitzer em 1952) e *Lancelot*, exploram a busca pelo verdadeiro "eu" e usam esse estilo literário para analisar o cristianismo autêntico e o falso.

agitada e turbulenta. No início, a água formou um redemoinho em torno da parte interna da bacia. Depois, aos poucos, começou a se acalmar até que, no fim, as pequenas e rápidas oscilações se tornaram ondas maiores que se moviam para frente e para trás.

Passado um tempo, a superfície se tornou tão lisa que o visitante pôde ver seu rosto refletido na água tranquila. "É isso o que acontece quando se vive constantemente entre outras pessoas", disse o ermitão. "Você não se vê como realmente é por causa de toda aquela confusão e agitação. Deixa de reconhecer a presença divina em sua vida, e a consciência de ser o amado desaparece aos poucos."

Leva tempo para a água se acalmar. Atingir a tranquilidade interior exige espera. Qualquer tentativa de apressar o processo apenas agita a água de novo.

Sentimentos de culpa podem surgir imediatamente. O "eu" obscuro insinua que você é egoísta, que está desperdiçando tempo e fugindo das responsabilidades com a família, a carreira, o ministério e a comunidade. Você mal pode se dar ao luxo de ficar à toa. O teólogo Edward Schillebeeckx afirmou:

> Numa religião revelada, o silêncio com Deus tem valor intrínseco e, assim, uma finalidade própria, simplesmente porque Deus é Deus. Deixar de reconhecer o valor de apenas estar com Deus na condição de amado, sem fazer nada, é um golpe à essência do cristianismo.[11]

A solidão silenciosa torna o discurso honesto tão possível quanto pessoal. Se não estou em contato com o fato de ser o amado, então não consigo perceber o sagrado nas outras pessoas. Se me pareço um estranho, também sou estranho aos outros.

A experiência me ensinou que minha interação com os outros é melhor quando interajo com aquilo que há de essencial em mim. Quando permito que Deus me liberte da dependência doentia das

---

[11] *The Church and Mankind*, p. 118.

pessoas, ouço com mais atenção, amo de forma mais desinteressada e sou mais compassivo e brincalhão. Não me levo tão a sério, eu me conscientizo do sopro do Pai sobre meu rosto e de que meu semblante se ilumina com risos quando aproveito bem uma aventura.

"Gastar" tempo com Deus de forma consciente capacita-me a falar e agir com uma força maior, perdoar em vez de alimentar a última ofensa ao meu ego ferido, agir com generosidade nos momentos mais banais. Enche-me de poder para que eu seja capaz de abandonar o "eu", pelo menos temporariamente, num contexto maior que o meu mundinho de medos e inseguranças, apenas me aquietar e saber que Deus é Deus. Anthony Padovano comentou:

> Isso significa que não imagino nem analiso; apenas me abandono no pensamento ou na experiência de estar vivo, de estar meramente numa comunidade de crentes; eu me concentro na essência ou na presença em vez de pensar no tipo de consequência prática que decorre disso. Simplesmente é bom estar ali, mesmo que não se saiba onde é esse "ali" ou por que é tão bom estar ali. Já alcancei o silêncio contemplativo em meu ser.[12]

Como benefício paralelo, a prática da solidão silenciosa capacita a pessoa a dormir menos e se sentir mais cheia de vigor. A energia despendida pelo impostor na busca exaustiva pela felicidade agora está disponível para ser concentrada nas coisas que realmente importam: amor, amizade e intimidade com Deus.

Estar a sós com o Único nos transporta daquilo que John Henry Newman chamou de conhecimento racional ou visionário para o conhecimento real. O primeiro significa que conheço algo de forma distante e abstrata, que nunca penetra em minha consciência; o

---

[12] "The Ministerial Crisis in Today's Church". Trecho de seu discurso na manhã de sábado durante a Convenção Anual FCM em Chicago (EUA), 18 de agosto de 1984.

segundo quer dizer que posso não conhecer determinada coisa, mas, de qualquer forma, ajo com base nela.

T. S. Elliot escreveu num poema: "Esta é uma noite ruim, meus nervos estão abalados. Apenas converse comigo. Assim conseguirei passar por essa noite". No silêncio solitário ouvimos com muita atenção a voz que nos chama de "os amados". Deus fala aos níveis mais profundos de nossa alma, alcançando a vergonha, o ódio de si, o narcisismo, e nos conduz pelo meio da noite até a luz de sua verdade:

> Não temas, porque eu te remi; chamei-te pelo teu nome, tu és meu. [...] Visto que foste precioso aos meus olhos, digno de honra, e eu te amei [...] Porque os montes se retirarão, e os outeiros serão removidos; mas a minha misericórdia não se apartará de ti.
> Isaías 43:1,4; 54:10

Vamos fazer uma pausa aqui. É Deus quem nos chama pelo nome. O Deus cuja beleza faz do Grand Canyon apenas sua sombra nos chamou de amados. O Deus cujo poder faz da bomba nuclear o mesmo que nada nos ama com ternura.

Estamos imersos no mistério — o que Abraham Heschel chamou de "deslumbramento radical". Silenciosos e em tremor, somos criaturas na presença do Mistério inefável, acima de todas as criaturas e além de qualquer descrição.

A hora da verdade chegou. Estamos a sós com o Único. A revelação dos sentimentos de Deus para conosco não é simples conhecimento inócuo. Por muito tempo e com frequência em minha jornada, procurei me refugiar em liturgias de sucesso e em grandes estudos das Escrituras. Recebi conhecimento sem admiração, fatos sem entusiasmo. Mas, quando as investigações acadêmicas chegaram ao fim, percebi a insignificância disso tudo. Simplesmente parecia não importar.

Mas, quando a noite é ruim, meus nervos são moídos e o Infinito fala, quando o Deus Todo-Poderoso compartilha, por meio de seu

Filho, a profundidade de seus sentimentos por mim, quando seu amor se acende dentro de minha alma e sou surpreendido pelo Mistério, é o *kairós* — a invasão total de Deus nesse momento singular de minha história pessoal.

Ninguém pode falar por mim. Encontro-me sozinho diante de uma decisão importante. Tremendo de frio no que sobrou de meus sessenta e tantos anos, escondo-me no ceticismo e no intelectualismo ou, com deslumbramento radical, rendo-me à fé na verdade de que sou o amado.

A cada momento de nossa existência, Deus nos oferece essa boa notícia. Infelizmente, muitos de nós continuamos a cultivar de tal modo a identidade artificial que a verdade libertadora de sermos os amados não consegue suplantá-la. Dessa forma, nos tornamos rabugentos, medrosos e legalistas. Escondemos nossa insignificância e chafurdamos na culpa. Chegamos a nos esgoelar para impressionar Deus, brigamos para chamar sua atenção, nos debatemos na tentativa de consertar nossos defeitos e vivemos o evangelho de modo tão sem graça que mal conseguimos atrair os cristãos nominais e os incrédulos à verdade.

Poupe-nos dos discípulos desprezíveis e dos santos de pau oco, ó Senhor! Frederick Buechner escreveu:

> Arrependam-se e creiam no evangelho, diz Jesus. Mudem de atitude e creiam que a boa nova de que somos os amados é melhor do que aquilo que jamais ousamos imaginar. Crer nessa boa notícia, viver a partir dela e orientado por ela, apaixonar-se por essa boa nova é a maior de todas as alegrias deste mundo. Amém, volte, Senhor Jesus.[13]

O coro de vozes citado neste capítulo nos convoca a reivindicar a graça dada a John Eagan: defina-se radicalmente como o amado de Deus. Esse é o "eu" verdadeiro. Qualquer outra identidade é ilusão.

---

[13] *The Clown in the Belfry*, p. 171.

CAPÍTULO QUATRO

FILHO DE DEUS

Há muitos anos, dirigi um despertamento numa comunidade em Clearwater, na Flórida. Na manhã seguinte, após o encerramento, o pastor me convidou para um café da manhã em sua casa. Sobre meu prato estava um envelope contendo o breve recado de um membro da igreja que me levou às lágrimas:

> Querido Brennan. Em todos os meus oitenta e três anos, nunca experimentei algo assim. Durante essa semana de despertamento aqui em Santa Cecília, você prometeu que, se viéssemos todas as noites, nossas vidas seriam transformadas. A minha foi. Na semana passada, a perspectiva da morte me aterrorizava; esta noite, já sinto saudades da casa de meu Deus.

Um tema essencial na vida de Jesus Cristo, e que está no centro da revelação que ele representa, é o crescimento da intimidade, da confiança e do amor do Mestre em relação a seu Deus.

Após seu nascimento, em Belém, Jesus foi criado em Nazaré por Maria e José, dentro dos rigores da tradição monoteísta da comunidade judaica. Como todo judeu devoto, Jesus orava o *Shema Israel* Ouve, Israel, o SENHOR, nosso Deus, é o único SENHOR (cf. Dt 6:4) três vezes ao dia. Jesus estava envolvido pelo Absoluto, dominado pelo Único, o Eterno, o EU SOU O QUE SOU.

Em sua jornada humana, Jesus experimentou Deus de um modo que nenhum profeta de Israel jamais tinha sonhado ou ousado imaginar. Jesus era habitado pelo Espírito do Pai e deu um nome a Deus que escandalizou os teólogos e a opinião pública de Israel, o nome que saiu da boca do carpinteiro nazareno: *Aba*.

As crianças judias usavam essa forma coloquial e íntima quando falavam com seus pais, e o próprio Jesus a empregou com seu pai de criação, José. Contudo, como termo para designar a divindade, Aba não tinha precedentes no judaísmo nem em qualquer outra das grandes religiões do mundo.

Joachim Jeremias escreveu: Aba, como forma de se dirigir a Deus, é *ipsissima vox*, uma expressão original, autêntica de Jesus. Somos confrontados com algo novo e inusitado. Nesse ponto está a grande novidade do evangelho.[1] Jesus, o Filho amado, não guarda essa experiência apenas para si. Ele nos convida e convoca a compartilhar a mesma intimidade e o mesmo relacionamento libertador. Paulo escreveu:

> Pois todos os que são guiados pelo Espírito de Deus são filhos de Deus. Porque não recebestes o espírito de escravidão, para viverdes, outras vez, atemorizados, mas recebestes o espírito de adoção, baseados no qual clamamos: Aba, Pai. O próprio Espírito testifica com o nosso espírito que somos filhos de Deus.
>
> Romanos 8:14-16

João, o discípulo a quem Jesus amava, enxerga a intimidade com Deus como o principal efeito da Encarnação: "Mas, a todos quantos o receberam, deu-lhes o poder de serem feitos filhos de Deus, a saber, aos que creem no seu nome" (Jo 1:12). Não foi João quem escutou Jesus começar seu discurso de despedida no cenáculo usando a expressão filhinhos (Jo 13:33)? Assim, João diz: Vede que

---

[1] *The Parables of Jesus*, p. 128.

grande amor nos tem concedido o Pai, a ponto de sermos chamados filhos de Deus; e, de fato, somos filhos de Deus! (1Jo 3:1).

A maior dádiva que já recebi de Jesus Cristo foi a experiência com Deus. Ninguém conhece o Filho, senão o Pai; e ninguém conhece o Pai, senão o Filho e aquele a quem o Filho o quiser revelar (Mt 11:27). Minha identidade como filho de Deus é meu conceito pessoal mais coerente. Quando procuro formar uma autoimagem a partir da adulação dos outros, e a voz interior sussurra: Você é um sucesso; agora faz parte do empreendimento do reino, não há qualquer verdade nesse conceito pessoal.

Quando mergulho em desânimo, e a voz interior sussurra: Você não tem nada de bom, é uma fraude, um hipócrita, um sujeito superficial, não há nenhuma verdade em qualquer imagem que eu forme a partir dessa mensagem. Como Gerald May comentou: É importante reconhecer os truques que a mente usa quando faz esses comentários a nosso respeito, que nada têm a ver com nossa verdadeira identidade. Em determinadas situações, a maneira como nos enxergamos pode ter pouco a ver com aquilo que realmente somos.[2]

DURANTE O PERÍODO de certo retiro silencioso, registrei em meu diário:

> Wernersville, Pensilvânia, 2 de janeiro de 1977.
> Lá fora está escuro e a temperatura, abaixo de zero. Isso descreve bem como estou por dentro. É a primeira noite de um retiro de oito dias, e sinto-me tomado por uma sensação de intranquilidade, de inquietude, mesmo de apreensão. Esgotado e solitário. Não consigo me concentrar em Deus. Desisti de qualquer tentativa de orar; parece artificial demais. As poucas palavras ditas a Deus são forçadas e ecoam dentro de minha alma vazia. Não sinto nenhuma alegria por estar em sua presença. Um sentimento de culpa

---

[2] Gerald G. MAY, *Addiction and Grace*, p. 168.

opressivo, porém vago, mexe comigo por dentro. De uma forma ou de outra, falhei com ele. Talvez o orgulho e a vaidade tenham me cegado; talvez a insensibilidade à dor tenha endurecido meu coração. Minha vida decepciona o Senhor? A superficialidade de minha alma o incomoda? Seja o que for, eu o perdi por minha culpa, e sinto-me impotente para reverter essa situação...

Assim teve início meu retiro anual. O cansaço físico passou logo, mas a aridez espiritual permaneceu. Todas as manhãs fazia, de muito má vontade, uma oração de duas horas; à tarde e à noite, repetia a prática. Sempre distraído, desorientado, navegando com apenas um remo na água. Lia as Escrituras. Sequidão. Andava de um lado para o outro. Tédio. Tentei um comentário bíblico. Nada.

No quinto dia, fui à capela às quatro da tarde e me ajeitei numa cadeira de encosto bem reto para começar a grande contemplação (meditação). Nas treze horas seguintes, continuei bem acordado, imóvel, completamente alerta. Às cinco e dez da manhã seguinte, deixei a capela com uma frase ecoando na cabeça, pesando no meu coração: *viva na sabedoria de quem aceitou a ternura.*

A ternura nasce da segurança de saber que alguém gosta de nós de forma completa e sincera. A simples presença dessa pessoa especial numa sala cheia de gente provoca um suspiro interior de alívio e proporciona uma forte sensação de segurança. Experimentar uma presença calorosa, cuidadosa e afetiva faz nossos medos desaparecer. Os mecanismos de defesa do impostor — sarcasmo, promoção pessoal, moralismo, necessidade de impressionar os outros — caem por terra. Nós nos tornamos mais abertos, verdadeiros, vulneráveis e afetuosos. A ternura cresce em nós.

Há anos, contei uma história sobre um padre de Detroit chamado Edward Farrell, que tirou duas semanas de férias de verão na Irlanda. Seu único tio vivo estava prestes a celebrar oitenta anos. Chegado o grande dia, o padre e seu tio levantaram-se de madrugada e se vestiram silenciosamente. Caminharam pelas margens do lago Killarney e pararam para assistir ao nascer do sol. Ficaram lado a lado sem trocar palavra e olhando fixamente o sol que nascia. De repente, o tio virou-se e começou a saltar pela estrada. Estava exultante, radiante, com um sorriso que ia de uma orelha à outra. O sobrinho disse:

— Tio Seamus, você parece estar mesmo feliz.
— Eu estou, rapaz.
— Pode me dizer o motivo?

O tio de oitenta anos respondeu:
— Sim, veja só como meu Deus gosta de mim.

Como você responderia se eu lhe fizesse esta pergunta: você acredita, com toda sinceridade, que Deus gosta de você, e que o ama não porque tenha a obrigação teológica de fazê-lo? Se você pudesse responder do fundo do coração: Ah, sim, meu Deus gosta muito de mim, sentiria uma compaixão serena por si que se aproxima do significado da ternura. Acaso, pode uma mulher esquecer-se do filho que ainda mama, de sorte que não se compadeça do filho do seu ventre? Mas ainda que esta viesse a se esquecer dele, eu, todavia, não me esquecerei de ti (Is 49:15).

As Escrituras sugerem que a essência da natureza divina é a *compaixão* e que o coração de Deus é definido pela *ternura*. Por causa das ternas misericórdias de nosso Deus, pelas quais do alto nos visitará o sol nascente, para brilhar sobre aqueles que estão vivendo nas trevas e na sombra da morte, e guiar nossos pés no caminho da paz (Lc 1:78-79, NVI). Richard Foster escreveu:

> Seu coração é o mais sensível e terno de todos. Nenhum ato passa despercebido, não importa quão insignificante ou pequeno. Um copo de água fresca é suficiente para fazer brotarem lágrimas dos olhos de Deus. Assim como a mãe orgulhosa, que vibra ao receber de seu filho um buquê de flores murchas, Deus celebra nossas débeis expressões de gratidão.[3]

---

[3] Richard J. FOSTER, *Prayer, Finding the Heart's True Home*, p. 85.

Jesus entende de forma singular a ternura e a compaixão do coração do Pai, pois nele habita, corporalmente, toda a plenitude da Divindade (Cl 2:9). Gerado na eternidade do Pai, ele é o Filho de Deus. Por que Jesus amou pecadores, maltrapilhos e a gentalha que nada sabia da Lei? Porque seu Pai os amou. Ele não fez nada por conta própria, mas somente o que seu Deus determinou. Ao compartilhar refeições, pregar, ensinar e curar, Jesus colocou em prática o que compreendia ser o amor do Pai, que não faz distinção — amor que faz o sol nascer sobre homens bons e ruins, e a chuva cair sobre pessoas honestas e desonestas (Mt 5:45).

Com esses atos de amor, Jesus provocou um escândalo entre os devotos e religiosos judeus da Palestina:

> O mais imperdoável não era sua preocupação com doentes, aleijados, leprosos, possessos [...] nem mesmo sua identificação com as pessoas pobres e humildes. O verdadeiro problema era que ele se envolvia com fracassos morais, com pessoas evidentemente ímpias e imorais: gente política e moralmente suspeita, inúmeros tipos duvidosos, esquisitos, abandonados e sem esperança, que existiam como um mal que não pode ser erradicado da periferia da sociedade. Esse foi o escândalo verdadeiro. Ele tinha mesmo de ir tão longe? [...] Que tipo de amor perigoso e ingênuo é esse que não conhece seus limites as fronteiras entre conterrâneos e estrangeiros, membros do partido e da oposição, vizinhos e pessoas distantes, entre carreiras de prestígio e sem nenhum encanto, entre pessoas morais e imorais, boas e ruins? Como se a distinção fosse absolutamente desnecessária. Como se não devêssemos julgar esses casos. Como se pudéssemos sempre perdoar nessas circunstâncias.[4]

Pelo fato de o sol brilhante e a chuva que cai serem dados tanto aos que amam a Deus quanto aos que o rejeitam, a compaixão do

---

[4] Hans KUNG, *On Being a Christian*, p. 32.

Filho acolhe aqueles que ainda estão vivendo no pecado. O fariseu traiçoeiro dentro de todos nós evita os pecadores. Jesus se dirige a eles com a graça da benevolência. Ele se mantém atento do início ao fim da vida dos pecadores, interessado em que se convertam, algo que é sempre possível, até o último momento.[5]

O ESPÍRITO SANTO é o vínculo de ternura entre o Pai e o Filho. Assim, o Espírito que nos habita ostenta o selo indelével da compaixão de Deus, e o coração da pessoa cheia do Espírito transborda de ternura. Deus derramou seu amor em nossos corações, por meio do Espírito Santo que ele nos concedeu (Rm 5:5, NVI).

Como participantes da natureza divina, a aspiração mais nobre e a tarefa mais exigente de nossa vida é nos tornarmos como Cristo. Nesse contexto, Irineu escreveu que Deus assumiu a forma humana para que pudéssemos nos tornar como ele. Ao longo dos séculos, isso tem significado muitas coisas diferentes para pessoas diferentes.

Se Deus for considerado a partir de sua onisciência, o desenvolvimento na sabedoria e no conhecimento torna-se a prioridade da existência humana. Se discernimos a onipotência de Deus, buscar autoridade a fim de influenciar os outros é o caminho para se tornar como ele. Se consideramos Deus a partir de sua imutabilidade e invulnerabilidade, coerência sólida e alta capacidade de suportar o sofrimento são os caminhos para a santidade.

A vida de Jesus sugere que ser como Deus é mostrar compaixão. Donald Gray se expressa assim: Jesus revela, numa vida excepcionalmente humana, o que é viver uma vida divina, uma vida compassiva.[6]

As Escrituras apontam para uma ligação íntima entre compaixão e perdão. Segundo Jesus, o sinal característico do filho de Deus é a disposição de perdoar os inimigos: Amai, porém, os

---

[5] *Op. cit.*, p. 33.
[6] Jesus — *The Way to Freedom*, p. 70.

vossos inimigos, fazei o bem [...] e sereis filhos do Altíssimo. Pois ele é benigno até com os ingratos e maus (Lc 6:35).

Na oração do Pai-Nosso reconhecemos a característica principal dos filhos de Deus ao dizermos: Perdoa-nos as nossas dívidas, assim como nós temos perdoado aos nossos devedores (Mt 6:12). Jesus apresenta seu Pai como modelo para o perdão: é o rei de Mateus 18, que perdoa uma soma fantástica, um débito impagável; o Deus que perdoa de forma ilimitada (que é o significado de setenta vezes sete).

Deus convoca seus filhos a um estilo de vida que vai contra a cultura: conceder perdão num mundo que exige olho por olho ou mesmo pior. Mas, se amar a Deus é o primeiro mandamento e amar o próximo prova nosso amor por Deus, e se é fácil amar aqueles que nos amam, então amar nossos inimigos deve ser como um crachá que nos identifica como filhos de Deus.

A convocação para que vivamos como filhos perdoados e compassivos é radicalmente inclusiva. Ela é dirigida não apenas à esposa cujo marido esqueceu o aniversário de casamento, mas também aos pais da criança que foi assassinada por um motorista bêbado; às vítimas de acusações levianas; ao pobre que vive na sarjeta e vê o rico passar em um Mercedes; aos que sofreram violência sexual; ao cônjuge envergonhado pela traição do companheiro; aos cristãos escandalizados com imagens blasfemas de uma divindade pagã; à mãe, em El Salvador, que recebeu o corpo da filha brutalmente massacrada; aos casais de idosos que perderam todas as economias nas mãos de banqueiros desonestos; à mulher cujo marido alcoólico desperdiçou a herança e aos que são objetos de zombaria, discriminação e preconceito.

As exigências do perdão intimidam tanto que parecem humanamente impossíveis. Elas estão além da capacidade da vontade humana, carente da graça. Apenas a confiança total numa Fonte maior pode nos dar poder para perdoar os males que outros nos causaram. Em momentos extremos como esses, há apenas um lugar aonde ir: o Calvário.

Fique ali por um longo tempo e observe o Filho unigênito de Deus morrer em completa solidão e desonra sangrenta. Veja como ele sopra perdão sobre seus torturadores no momento de maior crueldade e impiedade. Naquele monte solitário, fora dos muros da antiga Jerusalém, você receberá o poder de cura do Senhor que agoniza.

A experiência mostra que a cura interior raramente é resultado de catarse repentina ou da libertação instantânea da amargura, da raiva, do ressentimento e do ódio. É, com maior frequência, um crescimento gradual na unidade com o Crucificado, que conquistou nossa paz por meio de seu sangue na cruz.

Isso pode levar bastante tempo, pois as lembranças ainda estão vívidas demais e a dor, muito profunda. Mas vai acontecer. O Cristo crucificado não se limita a ser um exemplo heroico para a Igreja: ele é o poder e a sabedoria de Deus, força viva e ressurreta, transformando nossa vida e nos capacitando a estender a mão reconciliadora aos nossos inimigos.

A compreensão ativa a compaixão que torna o perdão possível. O autor Stephen Covey recordou um incidente enquanto estava andando no metrô de Nova York num domingo de manhã. Os poucos passageiros a bordo estavam lendo jornal ou cochilando. Era uma viagem silenciosa, quase sonolenta no interior da cidade.

Covey estava totalmente envolvido em sua leitura quando um homem, acompanhado de vários filhos pequenos, entrou no trem. Em menos de um minuto, o tumulto se estabeleceu. As crianças corriam para cima e para baixo no corredor do vagão, gritando, berrando e brigando umas com as outras no chão. O pai não fez nenhum esforço para intervir.

Os passageiros mais idosos, irritados, mudaram de lugar. O estresse se transformou em angústia. Covey esperou pacientemente. Com certeza, o pai faria alguma coisa para restabelecer a ordem: uma bronca suave, uma ordem severa, alguma expressão de autoridade paterna, qualquer coisa. Nada disso aconteceu. A frustração aumentava. Depois de esperar até além do que devia, Covey dirigiu-se ao pai e disse, de maneira educada:

— Senhor, talvez seja possível restabelecer a ordem aqui se o senhor disser a seus filhos para que voltem e se sentem.

— Eu sei que deveria fazer alguma coisa — respondeu o homem. — Acabamos de sair do hospital. A mãe deles morreu há uma hora. Simplesmente não sei o que fazer.[7]

A compaixão sincera, que gera o perdão, amadurece quando descobrimos onde o inimigo chora.

EM 1944, A REVISTA *LIFE* publicou um ensaio fotográfico sobre caça a raposas em Holmes County, Ohio. Os animais viviam nos bosques e comiam, principalmente, camundongos e grilos, mas às vezes também devoravam galinhas e codornas. Segundo a reportagem, aquilo atiçou a ira dos homens valentes de Holmes County, porque eles é que queriam matar as codornas.

Assim, num certo sábado, cerca de seiscentos homens e mulheres com seus filhos se juntaram, um ao lado do outro, para formar um grande círculo com, aproximadamente, oito quilômetros de diâmetro. Todos carregavam pedaços de pau e começaram a andar por dentro do bosque e dos campos, gritando e fechando o cerco para assustar as raposas, jovens e velhas, e tirá-las de suas tocas.

Dentro desse círculo, que ficava cada vez menor, as raposas corriam de um lado para outro, cansadas e amedrontadas. De vez em quando uma delas, por raiva, ousava rosnar e mostrar os dentes, mas era morta na mesma hora por seu atrevimento. Outras paravam, angustiadas, e tentavam lamber a mão de seu algoz. Também eram mortas. As imagens mostravam que algumas raposas paravam e ficavam junto das que estavam feridas ou agonizando. Por fim, quando o círculo se fechou, com apenas algumas dezenas de metros de diâmetro, as raposas que sobraram foram para o centro e se deitaram, sem saber o que fazer. Mas aqueles homens e mulheres sabiam: golpearam as raposas feridas e agonizantes

---

[7] *The Seven Habits of Highly Effective People*, seminário em fitas cassete.

com os pedaços de pau até que todas estivessem mortas. Alguns até ensinaram aos filhos como fazê-lo.

Essa é uma história verídica. A revista *Life* fez a reportagem e tirou fotos. Aconteceu durante anos, em Holmes County, todo fim de semana.

Hoje em dia, tamanha crueldade nos causa repugnância, mas temos nossa própria caça às raposas... é só perguntar aos que sofrem com o problema da aids. Infelizmente, muitos portadores do vírus HIV perguntam se dispõem de outra alternativa que não seja correr para o centro do círculo, deitar e morrer.

Onde estamos nesse círculo? Onde você está? Onde Cristo estaria?[8] Nosso coração de pedra se transforma em coração de carne quando descobrimos onde os marginalizados choram.

Sempre que o evangelho é invocado para comprometer a dignidade de um filho de Deus, então é hora de se livrar desse tal evangelho para viver o verdadeiro. Sempre que Deus é invocado para justificar o preconceito, o desprezo e a hostilidade dentro do corpo de Cristo, então é hora de prestar atenção nas palavras de Meister Eckhart: Oro para me livrar de Deus e, assim, encontrar Deus. Os conceitos humanos limitados a respeito de Deus e do evangelho podem nos privar de viver os dois.

Num encontro nacional de jovens obreiros em San Francisco, falei a um grupo de jovens pastores a respeito de meu ministério de meio expediente na Regional Aids Interfaith Network (Rain), em Nova Orleans. Nossa equipe interdenominacional oferece assistência prática e pastoral aos portadores do vírus da aids, bem como a seus familiares e amigos.

Oferecemos transporte, fazemos visitas, tarefas domésticas leves, lavanderia, encontros sociais e outros serviços. O comentário de um homem diz tudo:

---

[8] Walter J. BURGHARDT, *To Christ I Look*, p. 78-79. Conheci as histórias de Canon Barcus nessa série de homilias crepusculares ministradas por Burghardt em várias partes dos Estados Unidos e as agrupei num livro.

O melhor amigo que tive nos últimos doze anos me disse: Não vou conseguir acompanhá-lo nesse processo. A aflição é insuportável. Estou com medo, de verdade. Para ele, eu não era mais o Gerald. Não era mais seu melhor amigo. Eu era o Gerald que tinha aids. E vocês, que nem me conhecem, ainda assim querem ficar perto de mim. Gosto muito disso.

Um evangélico me questionou sobre qual deveria ser a postura cristã em relação à comunidade *gay*. Respondi que, em uma de suas parábolas, Jesus nos recomendou deixar o trigo e o joio crescerem juntos. Paulo entendeu o espírito dessa orientação ao escrever em 1Coríntios 4:5: Portanto, nada julgueis antes do tempo, até que venha o Senhor.

Os filhos e as filhas de Deus são aquelas pessoas que mais evitam julgar os outros. São conhecidos por andar entre pecadores. Lembra-se da passagem em Mateus na qual Jesus diz: ... sede vós perfeitos como perfeito é o vosso Pai celeste (cf. 5:48)? Em Lucas, o mesmo versículo está traduzido por: Sede misericordiosos como também é misericordioso vosso Pai (cf. 6:36).

Os estudiosos da Bíblia dizem que essas duas palavras — perfeito e misericordioso — podem ser reduzidas à mesma realidade. Conclusão: seguir Jesus em seu ministério de compaixão define com precisão o significado de ser perfeito como é perfeito nosso Pai que está nos céus.

Além disso, resisto à ideia de demover Deus de sua condição de juiz para tomar esse lugar e julgar sobre outros, pois não tenho autoridade nem conhecimento para fazê-lo. Ninguém sabe das motivações das outras pessoas. Portanto, não temos como presumir o que inspira as atitudes que elas tomam.

Lembremo-nos das palavras de Paulo depois de seu discurso sobre a homossexualidade em Romanos 1. Ele começa o capítulo 2 dizendo: Portanto, você, que julga os outros, é indesculpável; pois está condenando a si mesmo naquilo em que julga, visto que você, que julga, pratica as mesmas coisas (v. 1, NVI). Vem à minha mente a frase do romancista russo Leon Tolstói: Se as fantasias sexuais da pessoa comum fossem expostas, o mundo ficaria horrorizado.

A homofobia está entre os escândalos mais vergonhosos de nosso tempo. Dá medo ver a intolerância, o despotismo moral e a rigidez dogmática que prevalece quando as pessoas insistem em se considerar superiores por causa de sua religiosidade. Alan Jones comentou que é precisamente entre os que levam a vida espiritual a sério que reside o maior perigo.[9] As pessoas piedosas são tão facilmente vitimadas pela tirania homofóbica quanto quaisquer outras.

Minha identidade como filho de Deus não é uma abstração nem um espetáculo religioso. É a verdade central de minha existência. Viver na sabedoria de quem aceitou a ternura afeta profundamente meu modo de perceber a realidade, a forma pela qual reajo às pessoas e às situações em que se encontram.

Como trato meus irmãos e minhas irmãs no dia a dia, sejam essas pessoas brancas, africanas, asiáticas ou hispânicas; como reajo ao bêbado que carrega as marcas de seu pecado pela rua; como reajo às interrupções de pessoas das quais não gosto; como lido com pessoas comuns em sua falta de fé comum num dia comum tudo isso revelará a verdade sobre quem eu sou de forma mais eloquente do que um adesivo com os dizeres: Sou a favor da vida colado no para-choque do carro.

Não somos a favor da vida simplesmente porque evitamos a morte. Somos filhos e filhas do Altíssimo e amadurecemos na ternura à medida que podemos contar uns com os outros — todos os outros —, quando nenhum ser humano nos é estranho, quando conseguimos tocar a mão do outro com amor e quando o conceito de outros deixa de existir.

Essa é a luta incessante de uma vida inteira. É o processo longo e doloroso de se tornar como Cristo na forma que escolho

---

[9] *Exploring Spiritual Direction*, p. 17. Este e outro livro de Jones, *Soul Making, The Desert Way of Spirituality* (Harper and Row, 1985), têm sido fontes de profundo discernimento e meditação contínua.

pensar, falar e viver a cada dia. As palavras de Henri Nowen são contundentes:

> Preciso me tornar o amado nas situações mais comuns de meu dia a dia e, pouco a pouco, diminuir a distância existente entre o que sei que sou e as inúmeras realidades específicas da vida cotidiana. Tornar-se o amado é trazer a verdade revelada a mim pelos céus e inseri-la na banalidade de meus pensamentos, minhas palavras e minhas ações a cada momento.[10]

São inúmeras as traições e infidelidades em minha vida. Ainda me prendo à ilusão de que preciso ser moralmente impecável, os outros precisam ser santos e a pessoa a quem amo não pode ter fraquezas. Mas, sempre que permito que algo que não seja a ternura e a compaixão determine minhas reações à vida (seja a raiva farisaica, o moralismo, a postura defensiva, a necessidade premente de mudar as pessoas, a crítica ácida, a frustração diante da cegueira dos outros, a sensação de superioridade espiritual, a exigência desgastante de encontrar justificativas para meus atos), alieno-me do eu verdadeiro. Minha identidade como filho de Deus se torna ambígua, experimental e confusa.

Nossa existência no mundo é pelo caminho da ternura. Tudo o mais é ilusão, engano da mente, falsidade. A vida compassiva não se traduz em boa vontade piegas com o mundo nem na praga que Robert Wicks chama de delicadeza crônica. Ela não insiste com a viúva para que seja amiga do assassino de seu marido. Não exige que gostemos de todo mundo nem faz vista grossa ao pecado e à injustiça. Não aceita a realidade de maneira indiscriminada amor e cobiça, cristianismo e ateísmo, marxismo e capitalismo.

O caminho da ternura evita o fanatismo cego. Em vez disso, procura enxergar tudo com clareza e transparência. A compaixão

---

[10] Henri J. M. NOUWEN, *Life of the Beloved*, p. 34.

de Deus no coração abre nossos olhos para o valor singular de cada pessoa. Os outros somos *nós*, e devemos amá-los em seu pecado assim como somos amados em nosso pecado.[11]

CRESCI NUMA COMUNIDADE de pessoas brancas como lírios, no Brooklyn, Nova York, na qual o jargão de nossa cultura cristã costumava incluir palavras como crioulo, chicano, judeu, carcamano e boiola. Em 1947, quando Branch Rickey, presidente do nosso adorado Brooklyn Dodgers,[12] rompeu a fronteira da cor ao convidar Jackie Robinson para jogar na liga profissional, foi sumariamente rotulado como amante de preto, e muitos de nós passamos a torcer pelo New York Yankees.

Tínhamos ódio em especial dos negros instruídos e raivosos — caso de Malcolm X, que não se sujeitava e cuja voz insurgiu-se de um modo que eu considerava uma raiva injustificável, desafiando a supremacia branca diante da beleza, das necessidades e da excelência dos negros.

Para os católicos irlandeses, era a linguagem dos estereótipos, o mesmo sistema norte-americano ainda em funcionamento — a justiça que coloca assassinos na rua, a repressão policial, as fraudes na previdência — que incita o medo e a ignorância, que garante votos e que restringe o debate, o diálogo e as minorias.

Desde minha infância, o preconceito, a intolerância, as crenças falsas e os sentimentos e as atitudes racistas e homofóbicas foram programados no computador do meu cérebro, junto com as crenças cristãs ortodoxas. Todas essas coisas são mecanismos de defesa contra o amor.

---

[11] Robert J. WICKS, *Touching the Holy*, p. 87. O tema desse livro precioso é: as coisas genuinamente corriqueiras constituem a santidade tangível. Valendo-se da experiência de cristãos contemporâneos e da sabedoria dos pais e das mães do deserto, Wicks afirma: "O espírito da trivialidade induz cada um a descobrir suas motivações e seus talentos e a expressá-los sem reserva ou constrangimento".

[12] Equipe de beisebol de Nova York. (N. do T.)

As feridas do racismo e da homofobia, cuja origem está em minha infância, não desapareceram com o desenvolvimento intelectual e a maturidade espiritual. Ainda estão dentro de mim, tão complexas e profundas em minha carne quanto o sangue e os nervos. Eu as tenho carregado por toda a minha vida com diferentes níveis de consciência, mas sempre com cuidado, pensando na dor que sentiria se fosse, de alguma forma, obrigado a reconhecê-las.

Mas agora estou cada vez mais atento à compulsão contrária. Quero saber, tão plena e exatamente quanto possível, que feridas são essas e até que ponto estou sofrendo por causa delas. E desejo ser curado. Quero me livrar de minhas feridas, e não transmiti-las como legado a meus filhos.[13]

Tenho tentado negar, ignorar ou reprimir os preconceitos racistas e homofóbicos como inteiramente indignos de um ministro do evangelho que são. Além disso, achava que reconhecer a existência deles poderia torná-los ainda mais fortes. Por ironia, a negação e a repressão constituem, na verdade, aquilo que lhes dá mais poder.

O impostor só começa a recuar quando é reconhecido, acolhido e aceito. A autoaceitação que flui do acolhimento de minha identidade primordial como filho de Deus me habilita a confrontar minha debilidade de maneira honesta, entregando-me totalmente à misericórdia de Deus. Como afirmou minha amiga, a freira Barbara Fiand, ser íntegro é reconhecer a debilidade e ser curado dela.

A HOMOFOBIA E O RACISMO estão entre as questões morais mais sérias e inquietantes desta geração, e tanto a Igreja quanto a sociedade parecem nos limitar a alternativas antagônicas. A moralidade liberal de religiosos e políticos de esquerda é equivalente ao moralismo beato dos religiosos e políticos de direita. A aceitação acrítica de qualquer uma dessas linhas partidárias é uma forma de

---

[13] Adaptado de Wendell BARRY, *The Hidden Wound*, p. 4. Apropriei-me dos conceitos e das palavras de Barry em seu trabalho sobre racismo e os ampliei ao incluir a homossexualidade.

abdicação idólatra à essência da identidade como filho de Deus. Nem a delicadeza liberal nem a truculência dos conservadores focam a questão da dignidade humana, sempre vestida com farrapos.

Os filhos de Deus encontram uma terceira via. São guiados pela Palavra de Deus e apenas por ela. Todos os sistemas religiosos e políticos, tanto de direita quanto de esquerda, são obras de seres humanos. Os filhos de Deus não venderão seu direito à primogenitura por nenhum prato de ensopado, seja ele conservador ou liberal. Eles se apegam à liberdade em Cristo para viver o evangelho não se permitem contaminar pelo lixo cultural, pela imundície política ou pelas hipocrisias enfeitadas dos discursos religiosos.

Os que estão inclinados a entregar os *gays* aos torturadores não podem reivindicar nenhuma autoridade moral sobre os filhos de Deus. Durante o tempo que viveu na terra, Jesus via essas pessoas obscuras como as responsáveis pela corrupção da natureza essencial da religião. Esse tipo de religião restrita e separatista é um lugar isolado, um Éden coberto de mato, uma igreja na qual as pessoas vivem em uma alienação espiritual que as distancia de seus melhores talentos humanos. Buechner escreveu:

> Sempre soubemos o que estava errado conosco: a maldade, até mesmo no mais civilizado entre nós; nossa falsidade, as máscaras atrás das quais mantemos nossos reais interesses; a inveja, forma pela qual a sorte das outras pessoas pode nos aferrar como vespas; e todo tipo de calúnia, o modo como ridicularizamos uns aos outros, mesmo quando nos amamos. Tudo isso é de uma baixeza e de um absurdo infantis. Livre-se disso, diz Pedro. Cresça na salvação. Em nome de Cristo, cresça.[14]

A ordem de Jesus para amarmos uns aos outros nunca se limita à nacionalidade, ao *status*, à etnia, à preferência sexual ou à ama-

---

[14] Frederich BUECHNER, *The Clown in the Belfry*, p. 146.

bilidade inerente ao outro. O outro, aquele que reivindica meu amor, é qualquer um a quem sou capaz de reagir, como ilustra com clareza a parábola do bom samaritano. Qual destes três você acha que foi o próximo do homem que caiu nas mãos dos assaltantes?, perguntou Jesus. A resposta foi: Aquele que teve misericórdia dele. Jesus disse: Vá e faça o mesmo (cf. Lc 10:36-37, NVI).

A insistência na natureza absolutamente indiscriminada da compaixão dentro do reino é característica predominante em quase todo o ensinamento de Jesus. O que é compaixão indiscriminada?

> Dê uma olhada na rosa. É possível para ela dizer: Vou oferecer minha fragrância às pessoas boas e negá-la às más? Ou dá para imaginar uma lâmpada que retém seus raios luminosos para o ímpio que busca andar em sua luz? Só poderia fazer isso se deixasse de ser lâmpada. E observe o modo inevitável e indiscriminado pelo qual a árvore fornece sombra a todos, bons e ruins, jovens e velhos, grandes e humildes; aos animais, aos humanos e a toda criatura vivente, mesmo aquele que procura cortá-la. Esta é a principal característica da compaixão: seu caráter indiscriminado.[15]

Há algum tempo, Roslyn e eu tiramos um dia de folga e decidimos nos divertir no Quarteirão Francês, aqui em Nova Orleans. Perambulamos pela Jackson Square escolhendo quiabos, sentindo o cheiro de jambalaia[16] e parando numa sorveteria da Häagen-Dasz para o melhor de tudo: um sundae de nozes e avelãs confeitadas com calda de chocolate quente que provocou um breve êxtase.

Quando dobramos a esquina da Bourbon Street, uma garota com um sorriso radiante e cerca de 21 anos de idade se aproximou de nós, prendeu uma flor em nossas camisas e perguntou se gostaríamos de fazer uma doação para ajudar a missão da qual fazia

---

[15] Anthony DeMello, *The Way to Love*, 1991, p. 77.
[16] Prato típico da região, que consiste em arroz com salsichas, camarão, frango e presunto ou ostras, temperado com ervas.

parte. Quando perguntei a ela qual era a missão à qual pertencia, respondeu: A Igreja da Unificação.

— O fundador é Sun Myung Moon, então acho que isso significa que você é uma moonie?

— Sim — ela respondeu.

Duas coisas conspiravam contra ela. Em primeiro lugar, era uma pagã que não reconhecia Jesus Cristo como Senhor e Salvador. Em segundo lugar, era uma garota desmiolada, tola, ingênua e vulnerável que sofrera lavagem cerebral e estava hipnotizada por uma seita.

— Sabe de uma coisa, Susan? — eu disse. — Admiro muito sua integridade e a fidelidade que demonstra ter por sua consciência. Você está aqui, circulando pelas ruas, fazendo aquilo em que realmente acredita. Você é um desafio para qualquer pessoa que se declare cristã.

Roslyn a abraçou, e eu abracei ambas.

— Vocês são cristãos? — ela perguntou.

— Sim — respondeu Roslyn.

Ela abaixou a cabeça e vimos as lágrimas caindo na calçada. Um minuto depois, ela contou:

— Estou em missão aqui no Quarteirão Francês há oito dias. Vocês foram os primeiros cristãos a me tratarem com gentileza. Os outros me olhavam com desprezo ou gritavam, dizendo que eu estava possuída por um demônio. Uma mulher me bateu com sua Bíblia.

"Venha o teu reino." O que faz que o reino venha é a compaixão sincera: um caminho de ternura que não conhece fronteiras, rótulos, separações em categorias ou divisões sectárias. Jesus, a face humana de Deus, nos convida a uma reflexão profunda sobre a natureza do discipulado verdadeiro e o estilo de vida radical do filho de Deus.

CAPÍTULO CINCO

O FARISEU E A CRIANÇA

Em seu livro *Why I Am Not a Christian*,[1] o filósofo Bertrand Russell escreveu: "A intolerância que se espalhou pelo mundo com o advento do cristianismo é uma de suas características mais curiosas".

A história prova que a religião e as pessoas religiosas possuem uma tendência à pobreza de espírito. Em vez de aumentar nossa capacidade de aproveitar a vida e experimentar a alegria e o mistério, a religião costuma reduzi-la. Conforme progride a Teologia Sistemática, a sensação de encantamento declina. Os paradoxos, as contradições e as ambiguidades da vida são codificados, e o próprio Deus é cerceado, reprimido, confinado às páginas de um livro com capa de couro. Em vez de uma história de amor, a Bíblia é vista como um manual de instruções detalhadas.

As maquinações da religião manipuladora são trazidas à tona cada vez que Jesus encontra algum fariseu. Um desses confrontos é particularmente intenso. A fim de absorver plenamente seu impacto, precisamos analisar a compreensão judaica sobre o sábado.

No princípio, o sábado era, primeira e essencialmente, um memorial da criação. O livro de Gênesis declara:

---

[1] Publicado no Brasil sob o título *Por que não sou cristão*, São Paulo, Exposição do Livro, 1960.

> Viu Deus tudo quanto fizera, e eis que era muito bom [...] E, havendo Deus terminado no dia sétimo a sua obra, que fizera, descansou nesse dia de toda a sua obra que tinha feito. E abençoou Deus o dia sétimo e o santificou; porque nele descansou de toda a obra que, como Criador, fizera.
>
> Cf. 1:31; 2:2-3

O sétimo dia celebra a conclusão de toda a obra da criação e é considerado santo pelo Senhor. O sábado é um dia sagrado, reservado para Deus, um período específico de tempo consagrado a ele. É uma data comemorativa judaica, dedicada àquele que disse: "Eu sou o Senhor seu Deus, seu Criador". O sábado era um reconhecimento solene de que Deus tinha direitos supremos, um ato público de apropriação no qual a comunidade de fé reconhecia dever a própria vida e existência ao Outro. Como um dia memorial da criação, o sábado significava louvor de adoração e ação de graças por todos os atos bondosos de Deus, por tudo aquilo que os judeus eram e tinham. O descanso devido ao trabalho executado era uma questão secundária.

Uma trégua em relação às preocupações com dinheiro, prazer e conforto se traduzia no desenvolvimento de uma perspectiva mais apropriada a respeito do Criador. No sábado, os judeus refletiam sobre o que havia acontecido na semana anterior a partir de um contexto mais amplo ao dizer a Deus: "Tu és o verdadeiro Governante, não passo de teu mordomo".

O sábado era um dia de sinceridade rigorosa e contemplação cuidadosa; dia de avaliação pessoal, de analisar os rumos da vida e de fortalecimento das bases do relacionamento com Deus. Os judeus aprenderam a orar dessa forma no sábado: "Nosso coração se agita a semana inteira, mas hoje descansa de novo em ti". Como memorial da criação, o sábado judaico prefigurava o domingo do Novo Testamento: o memorial de nossa recriação em Cristo Jesus.

Em segundo lugar, o sábado também era um memorial da aliança. No monte Sinai, quando Deus entregou as duas tábuas a Moisés, instruiu o povo desta maneira: "Pelo que os filhos de Israel guardarão o sábado, celebrando-o por aliança perpétua nas suas gerações. Entre mim e os filhos de Israel é sinal para sempre" (Êx 31:16-17). Assim, todo sábado era uma renovação solene da aliança entre Deus e o povo escolhido. As pessoas renovavam sua dedicação em servi-lo. A cada sábado se regozijavam novamente com a promessa de Deus: "Agora, pois, se diligentemente ouvirdes a minha voz e guardardes a minha aliança, então, sereis a minha propriedade peculiar dentre todos os povos; porque toda a terra é minha; vós me sereis reino de sacerdotes e nação santa" (Êx 19:5-6).

Mais uma vez, descansar do trabalho não era o objetivo principal na observância do sábado. Era tanto um complemento à adoração quanto a própria adoração. Mas a adoração continuou sendo o elemento essencial da celebração do sábado. Anos depois, o profeta Isaías se referiria ao sábado como um dia "deleitoso". O jejum e o pranto eram proibidos. Era necessário usar roupas brancas e festivas, e a observância do sábado deveria ser acompanhada de músicas alegres.

Além disso, a festa não se restringia ao templo. O sábado foi e continua sendo a grande festa do lar judaico ortodoxo — a ponto de ser considerado o principal fundamento de uma vida familiar realmente estável e de um espírito de intimidade familiar que tem caracterizado os judeus ortodoxos ao longo dos séculos. Todos os membros da família deveriam estar presentes, junto com os convidados, especialmente os pobres, estrangeiros ou viajantes. (Em Lucas 7 vemos Jesus, o pregador itinerante, jantando num sábado na casa do fariseu Simão.)

A celebração do sábado começava quando o Sol se punha na sexta-feira, quando a mãe da família acendia as velas de modo cerimonial. Em seguida, o pai, depois de dar graças diante de um cálice de vinho, colocava a mão sobre a cabeça de cada filho e abençoava a todos de maneira solene, com uma oração pessoal. Esse e muitos outros gestos paralitúrgicos similares não apenas serviam para consagrar o sábado, mas também para santificar o lar judeu, fazendo dele um *mikdash me-at*, um pequeno santuário no qual os pais eram os sacerdotes e a mesa da família, o altar.

Infelizmente, após o exílio babilônico, o principal significado espiritual do sábado foi toldado. Sob uma liderança espiritualmente falida, houve um deslocamento sutil do foco. Os fariseus, que conduziam a religião como uma espécie de escudo de autojustificação e um tipo de espada de julgamento, instituíram as exigências frias de um perfeccionismo baseado em regras, porque assim ganhavam *status* e controle, ao mesmo tempo que garantiam aos fiéis a certeza de estarem marchando a passos firmes pela estrada da salvação.

Os fariseus falsificaram a imagem de Deus, transformando-o em um guarda-livros eterno e limitado, cujo favor podia ser alcançado somente por meio da observância escrupulosa de leis e regulamentos. A religião se tornou instrumento de intimidação e escravização, em vez de libertar e fortalecer. Os judeus fiéis eram orientados a concentrar a atenção no aspecto secundário do sábado: a abstenção do trabalho.

A celebração alegre da criação e da aliança, preconizada pelos profetas, desapareceu. O sábado tornou-se dia de legalismo. Os meios se tornaram os fins. (É nisso que reside a genialidade da religião legalista: transformar as questões principais em secundárias e vice-versa.) Consequentemente, o que surgiu daí foi uma miscelânea de proibições e prescrições que transformaram o sábado num fardo pesado que levava à exacerbação dos escrúpulos — o tipo de sábado que Jesus de Nazaré censurou de modo tão veemente.

Dezessete séculos depois, essa interpretação literal farisaica do sábado desaguou na Nova Inglaterra. No Código de Connecticut está escrito: "No dia de sábado, ninguém deve correr, andar pelo jardim ou por qualquer outro lugar, exceto ao se dirigir ou voltar da reunião, e com reverência. Ninguém deve viajar, cozinhar, arrumar camas, varrer a casa, cortar o cabelo ou fazer a barba no sábado. Se algum marido beijar a esposa ou ela, a seu marido, no Dia do Senhor, a pessoa responsável pelo erro deve ser punida de acordo com o entendimento da corte dos magistrados".

Paradoxalmente, o que interfere na relação entre Deus e o ser humano é a moralidade obstinada e a falsa piedade. Não são prostitutas e cobradores de impostos as pessoas que encontram maior dificuldade em se arrepender; são os religiosos que julgam não ter motivos de arrependimento, tranquilos porque não quebraram nenhuma lei no sábado.

Os fariseus investem muito em gestos religiosos visíveis, em rituais, em métodos e técnicas, gerando, em tese, uma gente santa, mas também crítica, robotizada, sem vida e tão intolerante com os outros quanto é consigo; pessoas violentas, exatamente o oposto do que significa santidade e amor — "o tipo de gente espiritual que, consciente de sua espiritualidade, continua crucificando o Messias".[2]

Jesus não morreu por obra de assaltantes, estupradores ou assassinos. Ele foi morto por pessoas profundamente religiosas, os membros mais respeitados da sociedade, que preferiram lavar as mãos.

> Por aquele tempo, em dia de sábado, passou Jesus pelas searas. Ora, estando os seus discípulos com fome, entraram a colher espigas e a comer. Os fariseus, porém, vendo isso, disseram-lhe: Eis que os teus discípulos fazem o que não é lícito fazer em dia de sábado. Mas Jesus lhes disse: Não lestes o que fez Davi quando ele e seus companheiros tiveram fome? Como entrou na Casa de Deus, e comeram os pães da proposição, os quais não lhes era lícito comer, nem a ele nem aos que com ele estavam, mas exclusivamente aos sacerdotes? Ou não lestes na Lei que, aos sábados, os sacerdotes no templo violam o sábado e ficam sem culpa? Pois eu vos digo: aqui está quem é maior que o templo. Mas, se vós soubésseis o que significa: *Misericórdia quero* e *não holocaustos*, não teríeis condenado inocentes. Porque o Filho do Homem é senhor do sábado.
>
> Mateus 12:1-8, grifos do autor

---

[2] Anthony DeMello, *The Way to Love*, p. 54.

Não é pouco o que está em jogo aqui. Os fariseus insistem na importância suprema das regras da lei. A dignidade básica e as necessidades genuínas dos seres humanos são irrelevantes. Jesus, entretanto, insistia que a lei não era um fim em si, mas o meio para alcançar o objetivo: a obediência era expressão do amor a Deus e ao próximo; portanto, qualquer forma de religiosidade que se coloca no caminho do amor também é um obstáculo no caminho do próprio Deus. Tal liberdade desafiava o sistema judaico. Porém, Jesus disse que tinha vindo não para destruir a lei, mas para cumpri-la. O que ele ofereceu não foi uma nova lei, e sim uma nova atitude em relação à lei, baseada no amor.

O espírito farisaico viceja hoje naqueles que se valem da autoridade da religião para controlar os outros, envolvendo as pessoas em intermináveis listas de regras, assistindo à luta que elas travam para cumpri-las e se recusando a oferecer assistência. Eugene Kennedy afirmou: "O poder dos fariseus surge do fardo que colocam sobre as costas dos judeus sinceros; sua satisfação consiste na manipulação básica do medo que as pessoas nutrem de desagradar a Deus".[3] O cartaz do lado de fora de uma igreja do Ocidente dizendo que "homossexuais não são bem–vindos" é tão ofensivo e degradante quanto o que um brechó do sul dos Estados Unidos ostentava na vitrine, nos anos 1940: "Proibida a entrada de cães e pretos!".

As palavras de Jesus, "misericórdia quero e não holocaustos", são dirigidas a homens e mulheres de fé, além dos limites do tempo. Kennedy comentou: "Qualquer pessoa que, ao longo da história, tenha priorizado a lei, as regras e a tradição, e não o sofrimento dos outros, está na mesma situação [dos fariseus], acusando o inocente com a mesma arrogância".[4]

Quantas vidas foram arruinadas em nome da religiosidade tacanha e intolerante!

---

[3] *The Choice to Be Human*, p. 211.
[4] Id., p. 128.

O ponto forte do fariseu de qualquer época é a sua capacidade de transferir, proclamar e apontar a culpa dos outros. Tem o dom de enxergar o cisco no olho de outra pessoa e não notar a viga que carrega no dele. Cegado pela ambição, o fariseu não consegue perceber sua sombra e, por isso, a projeta nos outros. Este é o dom que ele possui, sua assinatura, sua reação mais previsível e garantida.

Há muitos anos, a caminho do funeral da irmã de um amigo, passei de carro sobre uma ponte respeitando o limite de noventa quilômetros por hora. Vi uma placa mais adiante indicando que o limite voltava a cem quilômetros por hora. Rapidamente acelerei para 110 e, de repente, um policial me mandou parar. Ele era negro.

Expliquei que estava correndo para um funeral. Ele me ouviu com indiferença, verificou minha carteira de habilitação e me entregou, com a maior frieza, uma multa por excesso de velocidade. Na mesma hora, em minha mente, eu o acusei de racismo e revanchismo, e o culpei pelo provável atraso na igreja. Meu fariseu interior, até então adormecido, anunciava, assim, que estava vivo e passando bem.

Sempre que transferimos culpa a outra pessoa, estamos procurando um bode expiatório para escapar de alguma situação em que estamos implicados. A transferência da culpa é um tipo de defesa que substitui a análise honesta da vida e que busca crescimento pessoal nas falhas e autoconhecimento nos erros. Thomas Moore afirmou: "Essencialmente, é uma forma de evitar a consciência do erro".[5]

O FARISAÍSMO JUDAICO era composto por um grupo relativamente pequeno de pessoas "separadas" que, quase dois séculos antes de Cristo, a fim de evitar que a fé judaica se misturasse com as estrangeiras, se entregaram a uma vida de observância rigorosa da

---

[5] *The Care of the Soul*, p. 166.

lei mosaica. "Viviam como se estivessem num longo ensaio, uma orquestra sinfônica que não parava de se afinar, tocando variações torturantes da lei".[6]

Antes do exílio dos judeus, quando o espírito da aliança ainda era vivo e vibrante, o povo se sentia seguro à sombra do amor de Deus. No período farisaico, à medida que a compreensão das Escrituras hebraicas se deteriorou, os judeus passaram a se sentir seguros à sombra da lei. É óbvio que o evangelho da graça apresentado pelo carpinteiro nazareno era ultrajante.

Para o fariseu, Deus tem grande apreço pela pessoa que segue a lei. A aceitação divina é secundária, condicionada ao comportamento do fariseu. Para Jesus, a situação é diametralmente oposta. Ser aceito, apreciado e amado por Deus vem em primeiro lugar, motivando o discípulo a viver a lei do amor. "Nós amamos porque ele nos amou primeiro" (1Jo 4:19).

Suponhamos que uma menina nunca tenha recebido amor por parte de seus pais. Certo dia, ela encontra outra garota cujos pais a cobrem de afeição. A primeira pensa: "Também quero ser amada desse jeito. Nunca experimentei isso, mas vou conquistar o amor de minha mãe e de meu pai pelo meu bom comportamento". Assim, para ganhar a afeição de seus pais, ela escova os dentes, arruma a cama, sorri, se esmera nas boas maneiras, nunca faz beicinho nem chora, nunca exprime uma necessidade e esconde os sentimentos negativos.

Esse é o caminho dos fariseus. Seguem a lei de modo impecável com o objetivo de induzir Deus a amá-los. A iniciativa é deles. A imagem que fazem de Deus forçosamente os prende a uma teologia de obras. Se Deus é como a insuportável enfermeira Ratched do filme *Um estranho no ninho*, sempre ávida por encontrar as falhas em toda e qualquer pessoa, o fariseu precisa perseguir um estilo de vida que minimize os erros.

---

[6] Eugene Kennedy, *op. cit.*, p. 211.

Então, no Dia do Julgamento, ele pode apresentar a Deus um histórico imaculado, e a Divindade, relutante, terá de aceitá-lo. A psicologia do fariseu torna atraente uma religião que consiste em lavar copos e pratos, jejuar duas vezes na semana e entregar o dízimo da menta, do endro e do cominho.

Que fardo insuportável! A luta para se tornar apresentável diante de um Deus distante e perfeccionista é exaustiva. Legalistas nunca conseguem alcançar as expectativas que projetam em Deus, "pois sempre haverá uma nova lei e, com ela, uma nova interpretação, mais um fio de cabelo a ser cortado pela mais aguçada navalha religiosa".[7]

O fariseu interior é a face religiosa do impostor. O "eu" idealista, perfeccionista e neurótico é oprimido por aquilo que Alan Jones chama de "espiritualidade terrorista". Uma vaga inquietação por nunca viver um relacionamento adequado com Deus assombra a consciência do fariseu. A compulsão por se sentir seguro em relação a Deus alimenta esse desejo neurótico de alcançar a perfeição. Essa avaliação pessoal compulsiva, infindável e moralista torna impossível ao fariseu sentir-se aceito diante de Deus. A consciência de sua falha pessoal conduz à perda súbita da autoestima e dispara os mecanismos da ansiedade, do medo e da depressão.

O fariseu interior se apossa do meu "eu" verdadeiro sempre que prefiro as aparências à realidade; sempre que sinto medo de Deus; sempre que entrego o controle da minha alma às regras, em vez de me arriscar a viver em união com Jesus; quando escolho *parecer* bom, e não *ser* bom; quando prefiro as aparências à realidade. Recordo as palavras de Merton: "Se tenho uma mensagem para meus contemporâneos, certamente é esta: sejam o que quiserem, sejam loucos, bêbados [...] Mas evitem, a todo custo, uma coisa: o 'sucesso'".[8]

É claro que Merton está se referindo ao culto ao sucesso, à fascinação que a honra e o poder exerciam sobre os fariseus, o

---

[7] Ibid.
[8] James FINLEY, *Merton's Palace of Nowhere*, p. 54.

impulso incontrolável de potencializar a imagem do impostor aos olhos dos admiradores. Por outro lado, quando minha falsa humildade despreza o prazer das conquistas e desdenha dos elogios e louvores, fico orgulhoso dela, alienado e isolado das pessoas reais, e o impostor assume o controle de novo!

Meu fariseu interior nunca se sobressai tanto quanto nos momentos em que assumo uma postura de superioridade moral em relação aos racistas, aos fanáticos e aos homofóbicos. Balanço a cabeça em anuência quando o pregador passa um carão nos incrédulos, liberais, adeptos da Nova Era e outros que estão do lado de fora do aprisco. Nenhuma palavra seria ácida o suficiente para condenar, com o devido vigor, os filmes de Hollywood, os comerciais de televisão, as roupas provocativas e o *rock'n'roll*.

No entanto, minha biblioteca está repleta de comentários bíblicos e livros teológicos. Frequento a igreja com regularidade e oro todos os dias. Tenho um crucifixo em minha casa e carrego uma cruz no bolso. Minha vida é toda formada e saturada de religião. Eu me abstenho de carne às sextas-feiras. Dou apoio financeiro a organizações cristãs. Sou um evangelista dedicado a Deus e à Igreja.

> Ai de vós, escribas e fariseus, hipócritas, porque dais o dízimo da hortelã, do endro e do cominho e tendes negligenciado os preceitos mais importantes da Lei: a justiça, a misericórdia e a fé [...] Guias cegos, que coais o mosquito e engolis o camelo! [...] Ai de vós, escribas e fariseus, hipócritas, porque sois semelhantes aos sepulcros caiados, que, por fora, se mostram belos, mas interiormente estão cheios de ossos de mortos e de toda imundícia! Assim também vós exteriormente pareceis justos aos homens, mas, por dentro, estais cheios de hipocrisia e de iniquidade.
>
> Mateus 23:23-24,27-28

Na parábola sobre o fariseu e o publicano, o fariseu se levanta no templo e ora: "Ó Deus, graças te dou porque não sou como os demais homens, roubadores, injustos e adúlteros, nem ainda como este publicano; jejuo duas vezes por semana e dou o dízimo de tudo quanto ganho" (Lc 18:11-12).

Essa oração revela as duas falhas que denunciam o fariseu. Em primeiro lugar, ele é muito cioso de sua religiosidade e santidade. Quando ora, é somente para agradecer aquilo que possui, e não para pedir algo que não tem ou não é. Seu erro é acreditar que não possui erro nenhum. Ele se adora. A segunda falha tem a ver com a primeira: o fariseu despreza as pessoas. Ele as julga e condena porque está convencido de que está em posição superior. Ele é um homem pretensamente justo que condena os outros de modo injusto.

O fariseu que perdoa a si mesmo está condenado. O cobrador de impostos que se condena é absolvido. Negar o fariseu interior é fatal. É imperativo que o reconheçamos, dialoguemos com ele, perguntemos a razão para precisar buscar fora do Reino as fontes da paz e da felicidade.

Em uma reunião de oração da qual participei, um homem de aproximadamente sessenta anos foi o primeiro a falar: "Quero apenas agradecer a Deus por não ter nada do que me arrepender hoje". Sua esposa suspirou. O que ele quis dizer foi que não havia cometido nenhuma fraude, blasfêmia, fornicação nem quebrado algum dos Dez Mandamentos. Havia se distanciado da idolatria, da bebedeira, do sexo irresponsável e de coisas semelhantes; ainda assim, não tinha penetrado totalmente naquilo que Paulo chama de liberdade interior dos filhos de Deus.

Se continuarmos a nos concentrar exclusivamente na dualidade pecador/santo no jeito como vivemos e agimos, ignorando a oposição feroz entre o fariseu e a criança, o crescimento espiritual chegará, de repente, a um ponto de estagnação.

EM EVIDENTE CONTRASTE com os conceitos farisaicos de Deus e religião, o conceito bíblico do evangelho da graça é o da criança que nunca recebeu nada além de amor, e que tenta fazer o melhor que pode porque é amada. Quando ela comete erros, sabe que não corre o risco de perder o amor dos pais. A possibilidade de que eles deixem de amá-la se ela não arrumar seu quarto jamais passa pela mente dessa criança. Os pais podem desaprovar o comportamento do filho, mas o amor que sentem não está condicionado ao desempenho da criança.

Para o fariseu, a ênfase está sempre no esforço e na conquista pessoal. O evangelho da graça enfatiza a primazia do amor de Deus. O fariseu se deleita com a conduta impecável, enquanto a criança se delicia na ternura incondicional de Deus.

Em resposta à pergunta que a irmã fez sobre o que ela queria dizer com "permanecer como uma criancinha diante do bom Deus", Teresa de Lisieux disse:

> É reconhecer a própria insignificância, esperando tudo do bom Deus, exatamente como a criancinha espera tudo de seu pai; é não ficar ansioso por nada, não tentar ficar rico [...] Ser pequeno também é não se atribuir as virtudes praticadas, como se alguém pudesse acreditar-se capaz de conquistar algo, mas reconhecendo que o bom Deus coloca esse tesouro nas mãos de seus pequeninos para que façam uso dele sempre que precisarem; contudo, é sempre o tesouro do bom Deus. Finalmente, é nunca ficar desalentado com as próprias falhas, porque as crianças sempre caem; porém, são pequenas demais para causarem grandes danos a si.[9]

Os pais amam um pequenino antes que a criança ponha sua marca no mundo. Uma mãe nunca mostra o filho ao vizinho com as palavras: "Esta é a minha filha, ela será advogada". Portanto, a maior proeza dessa criança no futuro não será o esforço para obter a aceitação e a aprovação, mas a sensação abundante e transbor-

---

[9] Simon *Tugwell*, *The Beatitudes*, p. 138. Cheguei aqui por meio da citação a Teresa de Lisieux.

dante de ser amada. Se o fariseu é a face religiosa do impostor, a criança interior é a face religiosa do "eu" verdadeiro.

A criança representa o "eu" autêntico e o fariseu, o falso "eu". Aqui nos deparamos com um interessante casamento da psicologia com a espiritualidade. O objetivo da psicanálise é expor as neuroses dos pacientes; afastá-los da falsidade, da falta de autenticidade e do artificialismo, conduzindo-os à aceitação pura da realidade, àquilo que Jesus nos ordena ser: "A menos que se tornem como um destes pequeninos".

A criança interior tem consciência de seus sentimentos e não se inibe de expressá-los; o fariseu processa os sentimentos e prepara uma reação estereotipada diante das circunstâncias da vida. Na primeira visita que Jacqueline Kennedy fez ao Vaticano, o papa João XXIII perguntou a seu secretário de Estado, Giuseppi Cardinal Montini, qual seria a maneira mais apropriada de cumprimentar a nobre visitante, esposa do presidente dos Estados Unidos. Montini respondeu: "Seria adequado dizer 'madame' ou senhora Kennedy". O secretário saiu e, minutos depois, a primeira-dama apareceu na porta. Os olhos do papa brilharam. Ele se aproximou, abraçou-a e bradou: "Jacqueline!".

A criança expressa suas emoções de modo espontâneo; o fariseu toma o maior cuidado para reprimi-las. A questão não é se eu sou introvertido ou extrovertido, se minha personalidade é passional ou submissa; a questão é saber se expresso ou reprimo meus sentimentos genuínos.

Certa vez, John Powell afirmou, com tristeza, que como epitáfio para a lápide de seus pais sentira-se compelido a escrever: "Aqui jazem duas pessoas que nunca se conheceram". O pai nunca conseguiu compartilhar seus sentimentos, por isso a mãe nunca o conheceu. Abrir o coração a outra pessoa, parar de mentir sobre a solidão e os medos, ser honesto a respeito dos afetos e dizer aos outros o quanto são importantes — esta franqueza é o triunfo da criança sobre o fariseu e um sinal da presença ativa do Espírito Santo. "... onde está o Espírito do Senhor, aí há liberdade" (2Co 3:17).

Ignorar, reprimir ou rejeitar os sentimentos significa deixar de dar ouvidos às inspirações do Espírito no íntimo da vida emocional.[10] Jesus ouvia. No evangelho de João, somos informados de que Jesus era mobilizado por emoções intensas (cf. 11:33). No livro de Mateus, vemos sua ira se manifestar: "Hipócritas! Bem profetizou Isaías a vosso respeito, dizendo: Este povo honra-me com os lábios, mas o seu coração está longe de mim. E em vão me adoram" (cf. 15:7-9). Ele pediu pelas multidões em oração, pois "compadeceu-se delas, porque estavam aflitas e exaustas como ovelhas que não têm pastor" (cf. 9:36). Quando viu a viúva de Naim, "o Senhor se compadeceu dela e lhe disse: Não chores!" (Lc 7:13). Será que o filho dela teria ressuscitado se Jesus reprimisse seus sentimentos?

O pesar e a frustração surgiram de modo espontâneo: "Quando ia chegando, vendo a cidade, chorou e dizia: Ah! Se conheceras por ti mesma, ainda hoje, o que é devido à paz!" (Lc 19:41-42). Jesus deixou de lado o constrangimento quando bradou: "Vós sois do diabo, que é vosso pai, e quereis satisfazer-lhe os desejos" (cf. Jo 8:44). Dá para perceber mais que um sinal de irritação quando, jantando na casa de Simão, em Betânia, Jesus disse: "Deixai-a; por que a molestais?" (Mc 14:6).

Identificamos grande frustração nestas palavras: "Até quando vos sofrerei?" (Mt 17:17); fúria intensa em: "Arreda, Satanás! Tu és para mim pedra de tropeço" (cf. 16:23); sensibilidade extraordinária em: "Alguém me tocou, porque senti que de mim saiu poder" (Lc 8:46); e ira ardente em: "Tirai daqui estas coisas; não façais da casa de meu Pai casa de negócio" (Jo 2:16).

Espalhamos tanta cinza em cima do Jesus histórico que raramente sentimos o calor de sua presença. Ele é um tipo de homem cujo modelo esquecemos: confiável, franco, emotivo, que não manipula as pessoas, sensível, compassivo. Sua criança interior era tão livre que ele não considerava o choro um ato de covardia. Ele

---

[10] Brennan MANNING, *A Stranger to Self-Hatred*, p. 97.

se relacionava com as pessoas de maneira franca, e se recusava a comprometer sua integridade.

A descrição que o evangelho faz do Filho amado de Deus é a de um homem perfeitamente sintonizado com as emoções e sem receio de expressá-las. O Filho do Homem não desprezou ou rejeitou os sentimentos, como se os considerasse instáveis ou pouco confiáveis. Para ele, eram como sensíveis antenas emocionais, às quais atentava e, por meio delas, compreendia a vontade do Pai: coerência no discurso e na ação.

ANTES DE SAIR PARA JANTAR, minha esposa Roslyn costuma dizer: "Preciso de uns minutinhos para me maquiar". O fariseu precisa usar a máscara religiosa o tempo todo. Seu apetite voraz por atenção e admiração o obriga a apresentar uma imagem edificante e evitar erros e falhas cuidadosamente. Emoções descontroladas podem resultar em grandes encrencas.

No entanto, as emoções são nossas reações mais diretas ao conceito que formamos a nosso respeito e ao mundo que nos cerca. Quer sejam eles positivos quer sejam negativos, os sentimentos nos colocam em contato com o "eu" verdadeiro. Eles não são bons nem ruins: apenas representam a verdade do que se passa dentro de nós.

O que fazemos com os sentimentos determinará se nossa vida será honesta ou baseada em falsidade. Quando submetidas ao juízo de um intelecto formado na fé, as emoções servem como indicadores confiáveis para uma iniciativa apropriada ou mesmo para nenhuma iniciativa. Negação, deslocamento e repressão de sentimentos impedem a intimidade pessoal.

O fariseu que vive em mim inventou um modo de desentranhar meu "eu" verdadeiro, negar minha humanidade e camuflar minhas emoções por meio de uma manobra mental fraudulenta chamada de "espiritualização". O movimento esperto de minha mente rumo à religiosidade me protege de meus sentimentos, geralmente aqueles que mais me atemorizam: raiva, medo e culpa. Distancio-me de emoções, intuições e percepções negativas com um pé e, com o outro, entro num mundo de justificativas complicadas.

Certa vez, tive vontade de dizer a um fundamentalista: "Se você não se acalmar, vou estrangulá-lo e pendurá-lo como decoração em minha árvore de Natal"; em vez disso, pensei: "Deus colocou esse irmão pouco esclarecido em minha vida, e seu jeito detestável é, sem dúvida, resultado de traumas na infância. Preciso amá-lo, apesar de tudo". (Quem pode argumentar contra isso? Se os fundamentalistas odeiam os negros e eu odeio os fundamentalistas, qual é a diferença?)

Mas, para falar a verdade, eu fugi de meus sentimentos, os envernizei com uma conversa fiada religiosa, reagi como um espírito desencarnado e alienei o verdadeiro "eu". Quando um amigo diz: "Realmente não gosto mais de você. Você nunca me ouve e sempre me faz sentir inferior", não me aflijo. Na mesma hora, dou as costas ao desgosto, à tristeza e à rejeição e concluo: "Essa é uma forma de Deus me testar".

Quando o dinheiro falta e a ansiedade toma conta, lembro a mim mesmo: "Jesus disse para não ficarmos ansiosos pelo amanhã. Portanto, esse pequeno revés é apenas seu jeito de me provar". Ao optar pelo "eu" mascarado e negar os sentimentos verdadeiros, deixamos de reconhecer as limitações humanas. Os sentimentos congelam até um estado de insensibilidade. As interações com pessoas e circunstâncias da vida são inibidas, convencionais e artificiais. Essa espiritualização tem mil faces, nenhuma delas justificável ou saudável. São disfarces que sufocam a criança interior.

Quando Roslyn era uma garotinha, criada em uma pequena vila de Columbia, em Louisiana (com novecentos habitantes), sua companheira de brincadeiras aos sábados era outra menina chamada Bertha Bee, filha da empregada doméstica negra, Ollie. Juntas, brincavam de boneca na varanda, faziam bolinhos de barro perto da margem do lago, comiam biscoitos, compartilhavam segredos e erguiam castelos no ar.

Certo sábado, Bertha Bee não apareceu. Nunca mais voltou. Roslyn sabia que ela não estava doente, machucada ou morta, porque Ollie teria lhe contado. Assim, Roslyn, aos nove anos, perguntou a seu pai por que Bertha Bee não aparecera mais para brincar. Ela nunca esqueceu a resposta: "Não convém".

A face que uma criança usa é a própria, e seus olhos perscrutam o mundo sem se deixar atrair pelos rótulos: negro-branco, católico-protestante, asiático-latino, gay-heterossexual, capitalista-socialista. Rótulos criam impressões. "Essa pessoa é rica, a outra está bem de vida"; "Esse homem é brilhante, o outro não é muito esperto"; "Uma mulher é bela, a outra é cafona".

Impressões formam imagens que, por sua vez, tornam-se ideias fixas que geram preconceitos. Anthony DeMello disse: "Se você é preconceituoso, enxergará as pessoas sob a ótica do preconceito. Em outras palavras, deixará de vê-las como pessoas".[11] O fariseu interior gasta boa parte do tempo reagindo aos rótulos, os próprios e os das outras pessoas. Conta-se a história de um homem que procurou um sacerdote e disse:

— Padre, quero que reze uma missa por meu cachorro.

O sacerdote ficou indignado:

— Como assim? Uma missa para seu cachorro?

— É meu cachorro de estimação — disse o homem. — Eu amava aquele cachorro e gostaria que o senhor rezasse uma missa por ele.

— Não rezamos missas para cachorros aqui — disse o sacerdote. — Você pode tentar na denominação no fim da rua. Pergunte a eles se podem realizar um culto para você.

Enquanto saía, o homem comentou:

— Eu adorava mesmo aquele cachorro. Estava planejando dar uma oferta de um milhão de dólares pela missa.

Aí o sacerdote disse:

— Espere. Você não disse que seu cachorro era católico.

---

[11] *Awareness: A Spirituality Conference in His Own Words*, p. 28.

> Naquela hora, aproximaram-se de Jesus os discípulos, perguntando: Quem é, porventura, o maior no reino dos céus? E Jesus, chamando uma criança, colocou-a no meio deles. E disse: Em verdade vos digo que, se não vos converterdes e não vos tornardes como crianças, de modo algum entrareis no reino dos céus. Portanto, aquele que se humilhar como esta criança, esse é o maior no reino dos céus.
>
> Mateus 18:1-4

No jogo de tentar levar vantagem sobre o outro, a motivação dos discípulos é a necessidade de ser importante e relevante. Eles precisam ser alguém. De acordo com John Shea, "toda vez que essa ambição aparece, Jesus coloca entre eles uma criança ou fala a respeito de uma criança".[12]

Nem todos gostam da perspicácia contida na resposta de Jesus em Mateus 18. Ele diz que não há "primeiro" no reino. Quem quer ser o primeiro deve se tornar servo de todos; volte à infância e então estará apto para ocupar o primeiro lugar. Jesus deixa pouco espaço para a ambição; o mesmo vale para o exercício do poder. "Servos e crianças não detêm o poder."[13]

Os jogos de poder dos fariseus, explícitos ou sutis, têm como objetivo dominar pessoas e situações e, consequentemente, aumentar o prestígio, a influência e a reputação. As diversas formas de manipulação, controle e agressão passiva começam no centro de poder. A vida é uma série de manobras sagazes de ataque e defesa. O fariseu interior desenvolveu um sistema de radar sofisticado, ajustado para detectar as vibrações de qualquer

---

[12] *Starlight*, p. 92. Um pensador sugestivo que me ensinou muito e aprofundou meu entendimento do Evangelho. O último livro de Shea desenvolve a ideia de que o Natal não é um dia de ingenuidade e idealismo num ano de realismo incessante. É o dia da realidade num ano de ilusão. Ao acordar na manhã de Natal, percebemos como andamos como sonâmbulos durante o resto do ano.

[13] John MCKENZIE, *The Power and the Wisdom*, p. 208.

pessoa ou situação que, mesmo remotamente, ameace sua posição de autoridade.

Aquilo que um amigo meu chama de "síndrome do reizinho" — a programação emocional que procura compensar a falta de poder da infância e da adolescência — pode levar à preocupação com símbolos de status, sejam eles bens materiais ou amizades com pessoas poderosas e influentes. A pessoa pode ser motivada a acumular dinheiro como fonte de poder, ou adquirir conhecimento como meio para alcançar reconhecimento.

O fariseu sabe que o conhecimento pode representar poder no meio religioso. O especialista deve ser consultado antes de qualquer julgamento definitivo. Esse jogo de levar vantagem impede a troca de ideias e introduz um espírito de rivalidade e competição que é a antítese da naturalidade da criança. Anthony DeMello explicou: "A primeira qualidade que impressiona alguém que olha nos olhos de uma criança é sua inocência; essa adorável incapacidade de mentir, usar máscaras ou fingir ser algo diferente do que é".[14]

As manobras de poder do fariseu são previsíveis. No entanto, o desejo de poder é sutil. Pode passar sem ser detectado e, portanto, sem contestação. O fariseu que devora tudo e consegue acumular poder, colecionar discípulos, adquirir conhecimento, alcançar status e prestígio, além de controlar o mundo que o cerca, está distanciado da criança interior. Ele se torna uma pessoa terrível quando um subordinado rouba a cena; cínica quando recebe comentários negativos; paranoica quando ameaçada; preocupada quando se sente ansiosa; hesitante quando desafiada; e louca quando derrotada. O impostor, enredado no jogo de poder, leva uma vida vazia, com grandes evidências exteriores de sucesso, embora seja infeliz, sem afeto e oprimido pela ansiedade por dentro. O reizinho tenta dominar Deus, em vez de ser dominado por ele.[15]

---

[14] *The Way to Love*, p. 73.
[15] Brennan MANNING, *The Gentle Revolutionaries*, p. 39.

O "eu" verdadeiro é capaz de preservar a inocência infantil por meio da consciência inabalável a respeito da essência de sua identidade e da recusa firme em ser intimidado e contaminado pelos semelhantes...

> ... cujas vidas são gastas não em viver, mas em cortejar o aplauso e a admiração; não na alegria de ser quem se é, mas na comparação e na competição neurótica, lutando por coisas vazias chamadas "sucesso" e "fama", mesmo se puderem ser alcançadas apenas às custas da derrota, da humilhação e da destruição do próximo.[16]

JOHN BRADSHAW, entre outros, forneceu uma compreensão aguda sobre a importância de entrar em contato com a criança interior. Nesta época de tanta sofisticação, grandes conquistas e sensibilidades enfastiadas, a redescoberta da infância é um conceito maravilhoso, e como William McNamara enfatizou, "somente pode ser desfrutada por crianças que não são mimadas, por santos não canonizados, sábios discretos e palhaços desempregados".[17]

A não ser que recuperemos nossa infância, não teremos nenhuma noção do "eu" interior e, aos poucos, o impostor se torna quem realmente pensamos ser. Tanto os psicólogos quanto os que escrevem sobre espiritualidade ressaltam a importância de conhecer a criança interior tão bem quanto possível, e acolhê-la como parte adorável e preciosa de nós.

As qualidades positivas da criança (franqueza, dependência com confiança, capacidade de se divertir, simplicidade, sensibilidade em relação aos sentimentos) nos impedem de fechar o coração a ideias novas, a compromissos não lucrativos, às surpresas do Espírito e às oportunidades arriscadas de crescimento. A autenticidade nos afasta da introspecção mórbida, das infindáveis análises pessoais e do narcisismo fatal do perfeccionismo espiritual.

---

[16] Citado por Anthony DEMELLO, *The Way to Love*, p. 76.
[17] *Mystical Passion*, p. 57.

Assim, não podemos deixar de resgatar a criança interior. Como Jeff Imbach comentou, "antes de tudo, se a criança interior for tudo o que se encontra no lado de dentro, a pessoa continuará isolada e solitária. Não há intimidade pessoal definitiva se tudo o que reivindicamos somos nós mesmos".[18]

Quando buscamos a criança interior durante a jornada espiritual, descobrimos não somente a inocência, mas também aquilo que Jean Gill chamou de "a criança obscura".[19] A criança interior obscura é indisciplinada e perigosa, narcisista e teimosa, travessa e capaz de machucar um filhotinho ou outra criança. Rotulamos essas características desagradáveis como "criancices" e as negamos, ou as mantemos no inconsciente.

Quando entrei em contato com o lado sombrio de minha infância, boa parte dela estava permeada pelo medo. Tinha medo dos meus pais, da igreja, do escuro e de mim. No romance *Saint Maybe*, Anne Tyler intercedia a favor de seu pai substituto, Ian Bedloe:

> Parecia que somente Ian sabia como aquelas crianças se sentiam: como achavam assustador cada minuto em que estavam acordadas. Ora, ser uma criança, por si, já era assustador! Não era aquilo que os pesadelos dos adultos frequentemente refletiam: o pesadelo de correr sem chegar a lugar algum, o da prova para a qual não se estudou ou o da peça que não foi ensaiada? Impotência, estranheza. Murmúrios a respeito de algo que todos sabem, menos você.[20]

Nossa criança interior não é um fim em si, mas uma passagem para o aprofundamento de nossa união com o Deus que habita em nós, um mergulho na plenitude da experiência com o Deus, na consciência vívida de que minha criança interior é filha de Deus, e

---

[18] Jeffrey D. IMBACH. *The Recovery of Love*, p. 103.
[19] *Unless You Become Like a Child*, p. 39.
[20] P. 124.

que ele a mantém junto a si tanto na luz quanto nas trevas. Pense nas palavras de Frederick Buechner:

> Somos filhos, quiçá, no exato momento em que reconhecemos que é como filhos que Deus nos ama — não porque merecemos seu amor nem apesar disso; não porque tentamos nem porque reconhecemos a futilidade de nossa tentativa; mas simplesmente porque ele escolheu nos amar. Somos filhos porque ele é nosso Pai; e todos os nossos esforços, frutíferos ou infrutíferos, de fazer o bem, de falar a verdade, de compreender, são esforços de filhos que, por maior que seja sua precocidade, ainda são filhos, pois, antes de o amarmos, ele nos amou, como filhos, por meio de Jesus Cristo nosso Senhor.[21]

---

[21] *The Magnificent Defeat*, p. 135.

CAPÍTULO SEIS

A ATUALIDADE DA RESSURREIÇÃO

Parado na esquina de uma rua em Londres, G. K. Chesterton foi abordado por um repórter de jornal:

— Senhor, sei que recentemente se tornou cristão. Posso fazer uma pergunta?

— Certamente — respondeu Chesterton.

— Se o Cristo ressurreto aparecesse de repente e neste momento estivesse em pé atrás do senhor, o que faria?

— Ele está — disse Chesterton, olhando nos olhos do repórter.

Isso seria apenas figura de retórica, pensamento positivo, discurso religioso? Não, esta verdade é o fato mais real a respeito da vida; é a nossa vida. O Jesus que andava pelas estradas da Judeia e da Galileia é aquele que permanece ao nosso lado. O Cristo da história é o Cristo da fé.

A preocupação da teologia bíblica com a ressurreição não é apenas apologética — isto é, deixou de ser vista como a prova *par excellence* da veracidade do cristianismo. Fé significa receber a mensagem do evangelho como *dynamis*, amoldando-nos à imagem e à semelhança de Deus. O evangelho amolda aquele que o ouve por meio da poderosa vitória de Jesus sobre a morte. O evangelho proclama um poder misterioso no mundo: a presença viva do Cristo ressurreto. Liberta homens e mulheres da escravidão que turva a imagem e a semelhança de Deus.

O que dá ao ensino de Jesus esse poder? O que o distingue do Alcorão, dos ensinamentos de Buda, da sabedoria de Confúcio? A *ressurreição*. Por exemplo, se Jesus não tivesse ressuscitado, poderíamos, com certeza, elogiar o Sermão da Montanha enquanto magnífico exemplo de ética. Mas como ele ressuscitou, o elogio não importa. O sermão se torna um relato de nosso destino final. A força transformadora da Palavra reside no Senhor ressurreto, que a sustenta e, dessa forma, confere a ela um significado definitivo e atual.

Vou repetir: o poder ativo do evangelho flui a partir da ressurreição. Os autores do Novo Testamento insistiram: "... para o conhecer, e o poder da sua ressurreição..." (Fp 3:10). Quando, por meio da fé, aceitamos plenamente que Jesus é quem ele afirma ser, conhecemos o Cristo ressurreto.

Deus levantou Jesus dos mortos. Esse é o testemunho apostólico, o cerne da pregação apostólica. As Escrituras nos apresentam apenas duas alternativas: crer na ressurreição e, consequentemente, em Jesus de Nazaré ou não crer na ressurreição nem em Jesus de Nazaré.

PARA MIM, A EXIGÊNCIA mais radical da fé cristã consiste em reunir a coragem necessária para dizer "sim" à atualidade da ressurreição de Jesus Cristo. Sou cristão há quase cinquenta anos, e vi meu fervor inicial enfraquecer aos poucos na longa e monótona rotina da vida. Vivi o suficiente para perceber que o cristianismo é vivido por mais tempo no vale do que no topo da montanha, que a fé nunca está livre da dúvida e que, embora Deus tenha se revelado na criação e na história, a forma mais segura de conhecê-lo é, nas palavras de Tomás de Aquino, como *tamquam ignotum*, ou seja, impossível de ser completamente conhecido (incognoscível). Nenhum pensamento pode contê-lo, nenhuma palavra pode expressá-lo; ele está além de qualquer exercício de raciocínio ou imaginação.

Dizer "sim" à plenitude da divindade encarnada na atualidade da ressurreição de Jesus gera um certo medo, pois é algo muito pessoal. Na hora da desolação e do desamparo, na morte de meu pai, na solidão e no medo, na consciência do fariseu que vive em mim e nos artifícios usados pelo impostor, "sim" é uma palavra ousada, que não deve ser empregada de modo irresponsável ou superficial.

Esse "sim" é um ato de fé, uma reação decisiva e sincera de todo o meu ser ao Jesus ressurreto que está ao meu lado, diante de mim, ao meu redor e dentro de mim; uma declaração de confiança no fato de que minha fé em Jesus me dá segurança não apenas diante da morte, mas em face de ameaça ainda pior, imposta por minha maldade; uma palavra que precisa ser dita não somente uma vez, mas repetida continuamente a cada variação do cenário da vida.

A consciência do Cristo ressurreto anula a falta de sentido (a sensação terrível de que todas as nossas experiências são desconexas e inúteis), nos ajuda a ver a vida como peça única e revela um propósito nunca antes percebido. Será que enxergamos essas pistas da atualidade da ressurreição de Jesus?

A RESSURREIÇÃO DE JESUS deve ser vivida como algo maior do que um evento histórico. Caso contrário, "é despojada de seu impacto no tempo presente". No livro *True Resurrection*, o teólogo anglicano H. A. Williams escreveu: "É por isso que, na maior parte do tempo, a ressurreição significa pouco para nós. É algo remoto e isolado. E é esse o motivo pelo qual ela nada significa para a maioria das pessoas [...] Elas fazem bem em ser céticas quanto a crenças não apoiadas na experiência".[1]

No entanto, se o ato salvífico fundamental da fé cristã é relegado ao futuro, na firme esperança de que a ressurreição de Cristo garantirá nossa ressurreição e de que, um dia, reinaremos com ele em glória, então o Ressurreto é deslocado para fora do presente. Limitar a ressurreição de Jesus ao passado ou ao futuro torna sua atualidade irrelevante, nos livra de interferências nos acontecimentos banais e no cotidiano e coloca em segundo plano a comunhão *imediata* com o Cristo vivo.

[1] P. 5.

Em outras palavras, a ressurreição deve ser vivida como uma realidade. Se levarmos a sério a palavra do Cristo ressurreto — "E eis que estou convosco todos os dias até à consumação do século" (Mt 28:20) —, devemos manter a expectativa de sua presença ativa em nossa vida. Se nossa fé for viva e lúcida, estaremos alertas para os momentos, os eventos e as ocasiões em que o poder da ressurreição se manifestará. Quando só nos preocupamos conosco e estamos desatentos, deixamos de notar as maneiras sutis pelas quais Jesus chama nossa atenção.

William Barry escreveu: "Devemos nos disciplinar para prestar atenção à nossa experiência de vida a fim de distinguir o toque de Deus, ou aquilo que Peter Berger chama de *rumor de anjos*, de todas as outras influências em nossa experiência" (grifos do autor).[2] Quero oferecer um exemplo concreto.

Voltei para casa tarde da noite, num sábado, por causa do trabalho ministerial. O recado na secretária eletrônica foi breve e direto: "Frances Brennan está morrendo e quer ver você".

No dia seguinte, peguei um avião para Chicago, tomei um táxi para San Pierre, em Indiana, e cheguei à casa de saúde Pequena Companhia de Maria por volta de nove horas da noite. Fui ao quarto andar e perguntei à enfermeira de plantão se a senhora Brennan ainda estava em seu antigo quarto. "Sim", ela respondeu, "quarto 422, no fim do corredor".

Aquela mulher de 91 anos, que havia sido uma segunda mãe para mim nas quatro décadas anteriores e cujo sobrenome adotei em 1960, quando mudei legalmente meu nome, estava deitada na cama, com uma freira sentada ao seu lado, orando baixinho. "Ela estava esperando por você", disse a irmã.

Inclinei-me sobre a cama, beijei-a na testa e disse: "Eu amo você, mãe". Ela estendeu a mão direita e apontou para os lábios. Depois de alguns momentos de hesitação, percebi o que ela queria.

---

[2] *God's Passionate Desire and Our Response*, p. 109.

Com o pouco de energia que sobrara em seu frágil corpo de menos de trinta quilos, nos beijamos três vezes. Depois, deu um sorriso. Ela morreu poucas horas depois.

Com o coração apertado, fui dirigindo até Chicago com alguns amigos para cuidar dos detalhes do sepultamento. Decidi ficar em um hotel na avenida Cicero por ser próximo à Casa Funerária do Cordeiro. Depois de fazer o registro na recepção, tomei o elevador até o quarto andar, andei pelo corredor, dei uma rápida olhada na chave e a coloquei na fechadura. Quarto 422.

Atordoado, larguei a mala no chão e me afundei numa poltrona macia. Havia 161 quartos naquele hotel. Pura coincidência? Então, como um sino ressoando no fundo da minha alma, estas palavras surgiram dentro de mim: "Por que você procura o vivo entre os mortos?". Lá fora, uma nuvem se afastava e o brilho do sol irrompeu através da janela. "Você está viva, mãe!". Meu rosto se abriu num sorriso largo. "Parabéns, você chegou em casa!".

Talvez, como sugere John Shea, a fronteira entre esta vida e a próxima seja mais permeável do que muitos imaginam.

> Há sinais. As pessoas os encontram no comum e no fora do comum. Estão sujeitos à argumentação e à refutação, mas o impacto que exercem sobre aqueles que os recebem só pode ser positivo. Eles confirmam nossa mais profunda porém mais frágil esperança: o amor que temos uns pelos outros, que diz "Assim, tu não morrerás", não é infundado.[3]

O cético que vive em mim sussurra: "Brennan, você está perdendo a noção". Minha fé na ressurreição ouve o rumor de anjos, e meus olhos vêem um sinal banhado de luz do Ressurreto, sobre quem Agostinho afirmou ser mais íntimo de mim do que eu mesmo.

---

[3] *Starlight*, p. 165. As palavras: "Assim, tu não morrerás" foram extraídas de Gabriel Marcel, *The Mystery of Being II: Faith and Reality*, p. 171.

Frederick Buechner escreveu sobre duas experiências que podem ser sussurros de asas, ou podem não ser sussurros de lugar nenhum. Ele deixa a decisão por conta do leitor.

Uma delas aconteceu quando eu estava no bar de um aeroporto numa hora improvável. Fui até lá porque odeio viajar de avião, e um drinque torna o embarque mais fácil. Eu estava sozinho, e havia muitas banquetas vazias naquele bar comprido. Sentei-me em uma que tinha, como as demais, um pequeno cardápio sobre o balcão com o drinque do dia.

Sobre o cardápio havia um objeto: era um prendedor de gravata com as iniciais C. F. B., que são as de meu nome. Fiquei realmente impressionado com aquilo. Se tivesse só o B., já seria bem interessante. F. B. seria fascinante. Mas C. F. B., e na ordem certa? As probabilidades de aquilo ser obra do acaso constituíam algo extraordinário. O que aquilo significou para mim, o significado em que escolhi acreditar, foi: "Você está no lugar certo, fazendo a jornada certa e seguindo a estrada certa no momento certo". Tão absurdo e tão simples, mas é muito confortante dizer isso.

E a outra experiência foi apenas um sonho que tive com um amigo que havia morrido fazia pouco tempo, um sonho realista como jamais havia sonhado, no qual ele simplesmente estava de pé na sala. Eu disse:

— Que bom ver você; tenho sentido sua falta.

— Sim, eu sei disso — ele respondeu.

— Você está de fato aí? — perguntei.

— Pode apostar que realmente estou aqui.

— Você pode provar?

— Claro que posso provar — ele respondeu.

Então ele jogou um pedacinho de fio azul em minha direção, e eu o peguei. Foi tão real que acordei. Pela manhã, durante o café, contei o sonho para minha esposa e para a viúva daquele homem com quem havia sonhado, e minha mulher disse: "Meu Deus, eu vi esse fio no tapete esta manhã". Eu sabia que o fio não estava lá na noite anterior. Corri e, sem dúvida, lá estava um pedaço de fio azul. Bem, novamente, isso pode não ser nada — apenas coincidência — ou ser um pequeno vislumbre do fato de que, talvez, quando falamos sobre a ressurreição do corpo, isso faça sentido![4]

Ao ler o *Celtic Chronicles* há alguns anos, fiquei perplexo com a clara visão de fé na igreja da Irlanda durante o período medieval. Quando um jovem monge irlandês viu seu gato pegar um salmão que nadava nas águas rasas, ele declarou: "O poder do Senhor está na pata do gato".

O *Chronicles* fala sobre os monges marinheiros que peregrinavam pelo Atlântico, vendo os anjos de Deus e ouvindo seus cânticos quando se elevavam e mergulhavam sobre as ilhas ocidentais. Para a pessoa instruída, eram apenas gaivotas, mergulhões, papagaios-do-mar e biguás. "Mas os monges viviam num mundo em que tudo representava uma palavra de Deus para eles; no qual a ternura de Deus se manifestava por meio de sinais casuais, comunicados noturnos e nas coisas simples do cotidiano." [5]

Se o Pai de Jesus toma conta de cada pardal que desce do céu e cada fio de cabelo que cai de nossa cabeça, talvez não seja indigno que seu Filho ressurreto se revele em chaves de quartos, prendedores de gravatas com monogramas e fios de tecido.

A FÉ NA ATUALIDADE da ressurreição de Jesus traz consigo mudanças de vida com implicações sobre a difícil rotina diária. Em nome da clareza e da coesão, devemos analisar, antes de tudo, o significado do Pentecostes. O Pentecostes não é uma festa em homenagem ao Espírito Santo. É uma celebração de Cristo. Tem a ver com o Judeu, com Jesus de Nazaré.[6] O Pentecostes é a celebração

---

[4] "A conversation with Frederick Buechner", extraído de *A Journal of the Arts and Religion*, Front Royal: Image, ed. Primavera/1989, p. 56-57.
[5] Brennan MANNING, *The Ragamuffin Gospel*, p. 89.
[6] Edward SCHILLEBEECKX, *For the Sake of the Gospel*, p. 73.

da Páscoa junto com a Igreja, a celebração do poder da ressurreição e da glória de Jesus Cristo divulgados a todos.

João afirmou que, enquanto Jesus ainda estava na terra, "o Espírito até aquele momento não fora dado, porque Jesus não havia sido ainda glorificado" (cf. 7:39). Em outro ponto de seu evangelho lemos: "... convém-vos que eu vá, porque, se eu não for, o Consolador não virá para vós outros; se, porém, eu for, eu vo-lo enviarei" (cf. 16:7). Assim Paulo escreveu: "O último Adão, porém, é espírito vivificante" (1Co 15:45).

O quarto evangelho não localiza a cena do dom do Espírito no quinquagésimo dia após a Páscoa, mas no próprio dia da Páscoa: o Espírito é a dádiva de Páscoa de Jesus, o Cristo.[7] "Ao cair da tarde daquele dia, o primeiro da semana, [...] veio Jesus, pôs-se no meio e disse-lhes: Paz seja convosco! [...] E, havendo dito isto, soprou sobre eles e disse-lhes: Recebei o Espírito Santo. Se de alguns perdoardes os pecados, são-lhes perdoados; se lhos retiverdes, são retidos" (Jo 20:19,22-23).

Nos textos mais antigos de 2Coríntios 3:17, o próprio Jesus ressurreto é chamado de pneuma, Espírito: "Ora, o Senhor é o Espírito; e, onde está o Espírito do Senhor, aí há liberdade".

Lembre-se de que a fé de Paulo na ressurreição se baseava não apenas no testemunho apostólico, mas também na própria experiência da realidade da ressurreição de Jesus (At 9). O cristianismo não é simplesmente uma mensagem, mas uma experiência de fé que se torna uma mensagem, oferecendo, de maneira explícita, a esperança, a libertação da escravidão e um novo reino de possibilidades. Como comentou, certa vez, o famoso filósofo comunista Roger Garaudy a respeito do Nazareno: "Não sei muito a respeito deste homem, mas sei que toda a sua vida transmite esta mensagem: qualquer um, a qualquer momento, pode dar início a um novo futuro".[8]

---

[7] Ibid.
[8] Peter G. Van BREEMAN, *Certain as the Dawn*, p. 83. Aqui encontrei essa declaração surpreendente de Garaudy.

A atualidade da ressurreição de Jesus como "Espírito vivificante" significa que posso lidar com qualquer coisa. Não estou só por minha conta e risco. "Oro para que vocês percebam como são vastos os recursos que o Espírito coloca à nossa disposição" (cf. Ef 1:18-19). Confiando não em minhas reservas limitadas, mas no poder ilimitado do Cristo ressurreto, posso encarar não somente o impostor e o fariseu, mas até mesmo a perspectiva de minha morte iminente. "Porque convém que ele [Cristo] reine até que [Deus] haja posto todos os inimigos debaixo de seus pés. O último inimigo a ser destruído é a morte" (1Co 15:25-26).

Nossa esperança está indissociavelmente relacionada com a noção consciente da atualidade da ressurreição. Certa manhã, enquanto eu escrevia e sem razão aparente, uma sensação cortante de melancolia se alojou em minha alma. Parei de escrever e me sentei para ler os capítulos anteriores do manuscrito. Fiquei tão desestimulado que pensei em abandonar todo o projeto. Saí de casa para renovar a licença do carro. O escritório estava fechado.

Decidi que precisava de exercício. Depois de correr três quilômetros na represa, uma tempestade lançava rajadas de chuva, e um vento forte quase me jogou no Mississipi. Sentei-me na grama alta, vagamente preocupado em segurar aquela mão marcada pelo cravo.

Voltei para o escritório com frio e encharcado somente para atender um telefonema de Roslyn, que acabou numa discussão. Meus sentimentos estavam fugindo do controle: frustração, raiva, ressentimento, medo, autopiedade, depressão. Fiquei repetindo: "Eu não sou meus sentimentos". Nenhum alívio. Tentei: "Isso também vai passar". Não passou.

Às seis da tarde, emocionalmente exaurido e fisicamente esgotado, joguei-me pesadamente numa poltrona macia. Comecei a orar a Jesus: "Senhor Jesus Cristo, tenha misericórdia de mim, um pecador", buscando o Espírito doador da vida. Lenta, mas perceptivelmente, despertei para sua presença sagrada. A solidão permaneceu, mas ficou mais suave; a tristeza persistiu, mas ficou mais leve. A raiva e o ressentimento desapareceram.

Um dia difícil? Sim. Agitado e bagunçado? Sim. Impossível de se enfrentar? Não.

Como o Espírito doador da vida do Senhor ressurreto se manifesta em dias como esses? Em nossa disposição de não ceder, em nossa recusa de fugir, adotando um comportamento autodestrutivo. O poder da ressurreição nos capacita a entrar no confronto selvagem com as emoções indômitas, a aceitar a dor, recebê-la, carregá-la, não importa quão aguda seja.

E, no processo, descobrimos que não estamos sozinhos, que podemos resistir pela consciência da realidade da ressurreição e, assim, nos tornarmos discípulos mais plenos, profundos e intensos. Descobrimos ser mais do que imaginávamos. No processo, não somente persistimos, como também somos obrigados a ampliar as fronteiras pessoais.

"A riqueza da glória deste mistério [...], isto é, Cristo em vós, a esperança da glória" (Cl 1:27). A esperança sabe que se as grandes provações forem evitadas, as grandes realizações não serão alcançadas e a possibilidade de crescimento da alma será nula. O pessimismo e o derrotismo nunca são fruto do Espírito doador da vida; antes, eles revelam nossa ignorância a respeito da atualidade da ressurreição.

Um simples telefonema pode alterar, de uma hora para outra, o ritmo tranquilo da vida. "Sua esposa se envolveu num acidente grave na estrada. Está em situação crítica no CTI do hospital". Ou então: "Detesto ser o portador de más notícias, mas seu filho foi preso por tráfico de *crack*". Ou ainda: "Sua filha de três anos estava brincando com a minha perto da piscina. Deixei-as sozinhas apenas por um minuto, e sua filha..."

Quando a tragédia acontece e não conseguimos ouvir nada além do som da agonia, quando a coragem foge pela janela e o mundo parece ser um lugar hostil e ameaçador, é hora de passar pelo nosso Getsêmani pessoal. Nenhuma palavra, por mais sincera que seja, é suficiente para proporcionar qualquer conforto ou consolo. A noite é ruim. A mente se entorpece, o coração se esvazia, os nervos ficam abalados. Como será possível suportar a noite? O Deus de nossa jornada solitária está em silêncio.

Mesmo assim, pode ser que, nas provações mais desesperadoras da existência, além de qualquer explicação racional, sintamos que a mão marcada pelo cravo nos segura com firmeza. Somos capazes de, como escreveu Etty Hillesun, a holandesa judia que morreu em Auschwitz, em 30 de novembro de 1943, "proteger aquela pequena porção de Deus dentro de nós"[9] e não dar lugar ao desespero. Suportamos a noite, e a escuridão dá lugar à luz da manhã. A tragédia altera radicalmente a direção da vida, mas, em nossa vulnerabilidade e incapacidade de nos defendermos, experimentamos o poder da presença de Jesus na realidade de sua ressurreição.

A ATUALIDADE DA RESSURREIÇÃO decifra o enigma da vida. No romance *Saint Maybe*, de Anne Tyler, a mãe de Ian Bedloe é uma mulher que vê tudo pelo lado positivo e vive num mundo cor-de--rosa. Sempre com um sorriso forçado no rosto, ela vai de um lado para outro, tal como o cavalo de Lancelote, em quatro direções ao mesmo tempo. Mas, depois da morte do filho mais velho, ela passa por um momento de profunda reflexão. Voltando da Igreja da Segunda Chance para casa com o marido numa manhã de domingo, ela lhe diz:

— Nossa vida se tornou tão efêmera e inferior, tão irrisória e irrelevante, tudo se perdeu. Não é impressionante o fato de seguirmos adiante? Que continuemos comprando roupas, sentindo fome e rindo das piadas na TV? Mesmo sabendo que nosso filho mais velho está morto, se foi, que nunca mais o veremos novamente, e nossa vida está arruinada!

---

[9] William BARRY, *God's Passionate*..., p. 87. No capítulo intitulado "Mysticism in Hell" ["Misticismo no inferno"], Barry relata a surpreendente história de uma judia holandesa que registrou em seu diário a convicção de que Deus não estava ausente do campo de concentração.

— Vamos lá, querida! — ele disse.

— Tivemos problemas tão extraordinários — ela continuou — e, de algum modo, eles nos tornaram pessoas comuns. Isso é tão difícil de entender. Não somos mais uma família especial.

— Por que, querida? É claro que somos especiais.

— Nós nos tornamos pessoas inconstantes, preocupadas.

— Bee, querida.

— Não é impressionante?[10]

Após esse diálogo, Bee se recompõe e retoma seu jeito doce e leve de viver. Tratar a vida como uma série de episódios desconexos é um hábito profundamente enraizado em muitos de nós. Não discernimos nenhum padrão nas experiências e acontecimentos que vêm de fora. A vida parece tão confusa quanto o jornal da manhã, que nos informa sobre a queda do mercado de ações, o aumento das enchentes no meio-oeste, uma conspiração terrorista desbaratada em Nova York, o mais novo modo de diminuir o risco de câncer, o guarda-roupa das modelos e assim por diante.

A variedade de informações, eventos, emoções e experiências nos atordoa, levando-nos à passividade. Parece que nos contentamos em levar a vida como se fosse uma série de acontecimentos desordenados. Os hóspedes estão só de passagem, ideias e sentimentos vêm e vão, comemoramos aniversários e efemérides, a doença e a perda chegam sem ser anunciadas e nada parece estar relacionado.

Isso é particularmente verdade conforme o tempo passa. Naquilo que Shakespeare chamou de "o auge do sangue", a vida parecia ser mais ardente, os acontecimentos pareciam ter mais significado, e a louca trama de cada dia parecia conduzir a um propósito.

Agora nos abalamos menos, somos mais "filosóficos", é o que gostamos de dizer. Nós nos orgulhamos de ter aprendido, na dura

---

[10] Anne TYLER, *Saint Maybe*, p. 199-200.

escola da vida, a "eliminar as perdas" e a olhar para nosso passado com certa piedade indulgente. Como as coisas pareciam simples naquela época! Como era fácil solucionar o enigma da vida! Agora somos mais sábios, mais maduros; finalmente passamos a ver as coisas como elas realmente são.

Sem a noção da realidade da ressurreição de Jesus, a vida não faz sentido, todas as atividades são inúteis, todos os relacionamentos são vãos. Separados do Cristo ressurreto, vivemos num mundo de mistério impenetrável e de completa obscuridade — um mundo sem significado, inconstante; um mundo de morte, perigo e escuridão. Um mundo de futilidade inexplicável. Nada está ligado. Nada vale a pena, pois nada dura. Nada é visto além das aparências. Nada se ouve, senão os ecos morrendo no vento. Nenhum amor sobrevive à emoção que o produziu. Tudo é som e fúria, sem nenhum significado definitivo.[11]

O sombrio enigma da vida é iluminado em Jesus; o significado, o propósito e o objetivo de tudo que nos acontece e a forma de tornar tudo isso relevante só podem ser aprendidos com o Caminho, a Verdade e a Vida.

Viver consciente do Cristo ressurreto não é uma aspiração natural para o entediado e o solitário; nem é um mecanismo de defesa que nos capacita a enfrentar o estresse e as tristezas da vida. É a chave que destranca a porta da compreensão do significado da vida. Todos os dias, e o dia inteiro, somos transformados à imagem de Cristo. Tudo o que nos acontece tem esse propósito. Nada pode existir além dos limites de sua presença ("Tudo foi criado por meio dele e para ele" — Cl 1:16); nada é irrelevante para ela, nada fica sem significado nela.

Tudo o que existe ganha vida por intermédio do Cristo ressurreto — que, como nos lembra Chesterton, está de pé bem atrás de nós. Cada coisa (grande, pequena, importante, banal,

---

[11] Don Aelred WATKIN, *The Heart of the World*, p. 94.

distante ou próxima) tem seu lugar, seu significado e seu valor. Por meio da união com ele (como disse Agostinho, ele tem mais intimidade conosco do que nós mesmos), nada é desperdiçado, nada fica faltando. Não há um só momento que não carregue um significado eterno, nenhuma ação que seja estéril, nenhum amor ao qual falte prazer e nenhuma oração que deixe de ser ouvida. "Sabemos que *todas as coisas* cooperam para o bem daqueles que amam a Deus" (Rm 8:28, grifos do autor).

As aparentes frustrações em situações (previstas ou não) de doença, de desentendimento, mesmo de nossos próprios pecados, não frustram a satisfação definitiva de nossa vida escondida com Cristo em Deus.

A consciência da realidade da ressurreição tem como efeito a integração da intuição com a vontade, da emoção com a razão. Menos preocupados com as aparências, somos menos inclinados a trocar de fantasia para conquistar a aprovação em cada mudança de companhia e circunstância. Não somos uma pessoa em casa e outra no escritório; uma pessoa na igreja e outra no trânsito.

Não passamos desorientados de um evento a outro, buscando, em vão, alguma distração para passar o tempo, resignando-nos a cada nova emoção, resistindo submissos quando algo nos irrita ou aborrece. Agora, as circunstâncias nos alimentam, e não nós a elas; nós as usamos, e não elas a nós. Aos poucos, nos tornamos pessoas inteiras e maduras, cujas habilidades e energias estão harmonizadas e integradas.

QUANDO JESUS DISSE que qualquer que o visse veria o Pai, os que o ouviram ficaram muito chocados. Para aqueles entre nós que já ouviram com frequência essas palavras, elas não impactam mais. No entanto, elas contêm o poder de reduzir a cacos todas as projeções e imagens falsas a respeito de Deus. Jesus afirmou que era a encarnação de todos os sentimentos e atitudes de Deus em relação à humanidade. Deus não é outro senão aquele que se vê na pessoa de Jesus, daí a frase de Karl Rahner: "Jesus é a face humana de Deus".

O milagre mais importante do evangelho não é a ressurreição de Lázaro, a multiplicação dos pães ou todas as histórias dramáticas de cura juntas. O milagre do evangelho é Cristo, ressurreto e glorificado, que neste exato momento segue nosso rastro, nos persegue, habita em nós e se oferece como companhia para a jornada! *Pazzo d'amore* e *ebro d'amore* ("louco de amor" e "embriagado de amor" — Catarina de Sena), Deus está encarnado em Jesus, habitando dentro de nós.[12]

Paulo escreveu: "E todos nós, com o rosto desvendado, contemplando, como por espelho, a glória do Senhor, somos transformados, de glória em glória, na sua própria imagem, como pelo Senhor, o Espírito" (2Co 3:18). Aqui, a versão em inglês da Bíblia de Jerusalém contém quatro notas úteis sobre esse versículo:

1. Desvendado, assim como Moisés.
2. Refletindo ou contemplando.
3. O brilho do Senhor é a glória do Jesus ressurreto, estando a glória na face de Cristo (4:6).
4. Contemplar Deus em Cristo confere ao cristão semelhança com Deus (Rm 8:29 e 1Jo 3:2).

Paulo teve a audácia de se vangloriar por ter a mente de Cristo (1Co 2:16), e tal postura foi legitimada em sua vida. Desde sua conversão, focou sua atenção no Cristo ressurreto. O próprio Jesus representa uma força em constante movimento diante dos olhos de Paulo (Fp 3:21). Jesus era uma pessoa cuja voz Paulo conseguia identificar (2Co 13:3), que o fortaleceu nos momentos de fraqueza (cf. 12:9), que o iluminou e o consolou (cf. 1:4-5). Levado ao desespero pelas acusações caluniosas dos falsos apóstolos, Paulo recebeu visões e revelações do Senhor Jesus Cristo (cf. 12:1). A pessoa de Jesus revelou o significado da vida e da morte (Cl 3:3).

---

[12] William BARRY, *God's Passionate...*, p. 115.

No romance *To Kill a Mockingbird*,[13] Atticus Finch disse: "Você nunca entenderá um homem enquanto não calçar seus sapatos e olhar o mundo por meio de seus olhos". Paulo olhava de forma tão resoluta para si, para os outros e para o mundo, por meio dos olhos de Jesus, que Cristo se tornou o ego do apóstolo. "Já não sou eu quem vive, mas Cristo vive em mim" (Gl 2:20). Dídimo de Alexandria afirmou que "Paulo era pleno de Cristo".

Contemplar é olhar fixamente para a glória desvendada de Deus no Cristo ressurreto e glorificado. "A oração contemplativa é, acima de tudo, olhar para a pessoa de Jesus".[14] A oração da consciência simples significa que não precisamos chegar a lugar nenhum porque já estamos lá. Estamos apenas nos tornando conscientes de que possuímos o que procuramos. A contemplação, definida como olhar para Jesus como ato de amor, leva não somente à intimidade, mas também à transformação da pessoa que o contempla.

No famoso conto *The Great Stone Face*, de Nathaniel Hawthorne, um garotinho olha fixamente para a face esculpida no granito e pergunta com frequência aos turistas na cidade se sabem a identidade da face na montanha. Ninguém sabe. Por toda a vida adulta até a velhice, ele continua olhando fixamente para a face na montanha, até que, um dia, um turista que ia passando declara àquele garotinho, agora um idoso desgastado pelo tempo: "Você é a face na montanha!". A consciência contemplativa do Jesus ressurreto forma nossa semelhança com ele e nos torna as pessoas que Deus nos criou para ser.

A ATUALIDADE DA RESSURREIÇÃO é o impulso ao ministério. "Vendo ele as multidões, compadeceu-se delas, porque estavam

---

[13] Publicado no Brasil sob o título *O sol é para todos* (Harper Lee), Rio de Janeiro: José Olympio, 2006.
[14] Peter G. VAN BREEMAN, *Certain as The Dawn*, p. 125. Contei com o trabalho desse jesuíta holandês com doutorado em Física Atômica para o esquema dos quatro pontos principais ao desenvolvê-los de maneira bem diferente.

aflitas e exaustas como ovelhas que não têm pastor" (Mt 9:36). Essa passagem, de extraordinária ternura, oferece um notável vislumbre da alma humana de Jesus. Mostra como ele se sente em relação aos seres humanos. Revela sua maneira de olhar o mundo, sua atitude acrítica em relação às pessoas que estavam procurando amor nos lugares errados e felicidade do modo errado. É uma revelação simples de que o coração de Jesus bate da mesma forma ontem, hoje e sempre.

Todas as vezes que os evangelhos mencionam que Jesus se sentiu profundamente comovido com as pessoas, mostram que isso o levava a agir: cura física ou interior, libertação ou exorcismo, provisão de alimento para multidões famintas ou oração intercessória. Acima de tudo, isso o levava a dissipar os conceitos distorcidos a respeito de Deus, a conduzir as pessoas das trevas para a luz. Recordo a profecia messiânica de Isaías: "Como pastor, apascentará o seu rebanho; entre os seus braços recolherá os cordeirinhos e os levará no seio; as que amamentam ele guiará mansamente" (cf. 40:11).

A compaixão de Jesus o levou a contar a história do amor de Deus às pessoas. Num momento de divagação, tento visualizar como seria minha vida se ninguém tivesse me contado a história da salvação nem gastado tempo para me apresentar Jesus. Se já não estivesse morto por causa do alcoolismo, o impostor estaria fora de controle. Como afirma o Grande Livro dos Alcoólicos Anônimos, "a obstinação leva ao excesso".

Deparei-me com uma história comovente narrada por Herman Wouk no romance *Inside, Outside*. O herói havia acabado de se tornar *B'nai Brith*, filho da aliança, por meio do *bar mitzvah*, aos treze anos. Então ele relata:

> Na manhã seguinte ao meu bar mitzvah, voltei com papai à sinagoga. Que contraste! Melancólica, silenciosa, praticamente vazia; no fundo, à minha frente, Morris Elfenbein e alguns anciãos usavam xales e faixas ritualísticas [...] Não fosse o esforço de papai, eu não teria entendido nada. Qualquer um pode encenar um grande

bar mitzvah, entregando um pacote de dinheiro e um rapaz disposto a suportar as disciplinas em nome do sucesso da festa. A espinha dorsal de nossa religião — quem sabe, talvez, de todas as religiões nesta geração confusa — é um punhado de obstinados numa casa de adoração quase vazia, que continua a fazer aquilo por força do trabalho; seja por hábito, lealdade, inércia, superstição, sentimentalismo ou, possivelmente, fé verdadeira — quem pode dizer ao certo a motivação? Meu pai me ensinou essa verdade sombria. Ela ficou em minha memória, de forma que, ainda hoje, vou de má vontade às sinagogas durante a semana, principalmente quando chove ou neva, e atingir o mynian parece improvável.[15]

O mito do Sinai, a chave para interpretar a história hebraica e entender a identidade judaica, mantém-se vivo e é transmitido por um *mynian*[16] de anciãos inflexíveis em uma sinagoga quase deserta. Por mais confusas que sejam suas motivações, por mais frustrados que possam se tornar pela apatia e indiferença da multidão, eles continuam contando a história em qualquer época.

O impulso de contar a história da salvação surge quando escutamos a pulsação do coração de Jesus ressurreto dentro de nós. Contar a história não requer que nos tornemos ministros ordenados ou pregadores extravagantes nas esquinas das ruas, nem exige que tentemos converter as pessoas batendo na cabeça delas com a Bíblia. Significa apenas que revelamos aos outros como era a nossa vida, o que aconteceu com ela quando conhecemos Jesus e como é agora.

O impostor retrocede diante da possibilidade de contar a história porque teme a rejeição. Fica tenso e ansioso porque precisa contar apenas consigo; sua força está limitada por seus parcos recursos. Ele tem medo do fracasso.

---

[15] John MCKENZIE, *Source: What the Bible Says About the Problems of Contemporary Life*, p. 206.
[16] Quorum de dez judeus exigido para a prece comunal. (N. do T.)

O "eu" verdadeiro não se acovarda na timidez. Amparado e guiado por um poder maior que o seu, o "eu" verdadeiro encontra a segurança fundamental na consciência da atualidade da ressurreição de Jesus Cristo. Em vez do "eu", Jesus é sempre a essência indispensável do ministério. "Sem mim nada podeis fazer" (Jo 15:5).

No momento em que reconhecemos que somos impotentes, entramos na esfera libertadora do Ressurreto e nos livramos da ansiedade a respeito dos resultados. Contamos a história simplesmente porque é a coisa certa a fazer. Como disse certa vez o classicista F. M. Cornford, de Cambridge, "a única razão para fazer a coisa certa é o fato de ser a coisa certa a fazer; todas as outras são razões para fazer alguma outra coisa".[17]

Frank Capra, velho diretor de filmes em Hollywood, é lembrado principalmente por um filme de 1946, *A felicidade não se compra*:

> ... uma fantasia sobre um homem que cai num desespero suicida porque pensa não ter realizado nada de valor. Ele é resgatado por um anjo da guarda que lhe mostra, numa gloriosa sequência de sonhos reais, como teria sido infeliz a vida das pessoas de sua cidade, de seus amigos e de sua família se ele nunca tivesse existido para tocá-los com sua bondade.[18]

Talvez, quando as cortinas da vida se fecharem, você terá contado a história a apenas uma pessoa. Deus promete que um cálice de água viva tirada da Fonte e entregue a outro não deixará de ser recompensado.

SÓCRATES DISSE: "A vida desatenta não vale a pena". Sustentar-se na consciência da atualidade da ressurreição de Jesus é uma

---

[17] Peter G. VAN BREEMAN, *Called By Name*, p. 38.
[18] Richard SCHINCKEL, "More Than a Heart Warmer: Frank Capra: 1897-1991", em *Time*, ed. 138, nº 11, 16/9/1991, p. 77, extraído de Walter BURGHARDT, *When Christ Meets Christ*, p. 77.

decisão que pressupõe um preço, que requer mais coragem do que inteligência. Percebo em mim uma tendência a ficar desatento, a desfrutar sozinho de algumas coisas, a excluir Cristo, a reter determinadas experiências e certos relacionamentos.

Exacerbada por aquilo que alguém já chamou de "agnosticismo da falta de atenção" — ausência de disciplina pessoal contra o bombardeio da mídia, leitura superficial, conversas estéreis, oração mecânica e submissão aos sentidos —, a consciência do Cristo ressurreto se atenua. Assim como deixar de dedicar atenção debilita o amor, a confiança e a comunhão num relacionamento humano, a falta de atenção ao "eu" verdadeiro, escondido com Cristo em Deus, obscurece a consciência do relacionamento divino. Como afirma o velho ditado: "Espinhos e cardos obstruem o caminho não trilhado". Um coração outrora verdejante torna-se uma vinha devastada.

Quando desligo Jesus de minha consciência, olhando para outro caminho, meu coração é tocado pelo dedo gélido do agnosticismo. Meu agnosticismo não consiste em negar um Deus pessoal; é a falta de fé que se desenvolve como líquen por causa da desatenção à presença sagrada. A forma como uso meu tempo e dinheiro e a maneira como interajo com outros costuma revelar o grau de minha consciência ou a falta dela.

Em *The Road Less Traveled*,[19] Scott Peck escreveu: "Sem disciplina não conseguimos resolver nada. Com alguma disciplina conseguimos resolver alguns problemas. Com disciplina total conseguimos resolver todos os problemas".

Com o passar dos anos, cada vez mais me convenço de que a disciplina da consciência da atualidade da ressurreição de Jesus está intimamente ligada ao resgate da paixão.

---

[19] Publicado no Brasil sob o título *A trilha menos percorrida*, Rio de Janeiro: Record, 2004.

CAPÍTULO SETE

O RESGATE DA PAIXÃO

A palavra "paixão" significa, basicamente, "ser afetado por", e é a energia essencial da alma.[1] Raramente nos damos conta de que a capacidade de ser afetado por qualquer coisa é uma fonte de energia. Contudo, encontramos uma ilustração brilhante dessa verdade no evangelho de Mateus (cf. 13:44).

Parece ser apenas mais um longo dia de trabalho braçal no ritmo monótono do tempo. De repente, porém, o boi para e começa a fazer mais esforço para puxar. O lavrador aponta a lâmina do arado para que penetre mais fundo. Ele revolve a terra, formando vários sulcos até ouvir um ruído áspero de metal. O boi pára de puxar.

O homem empurra o arado rudimentar para o lado. Com as próprias mãos, cava furiosamente a terra. Poeira voa para todos os lados. Por fim, o lavrador percebe uma alça e tira um grande jarro de barro do chão. Tremendo, ele puxa com força a alça do jarro. Fica atordoado e deixa escapar um grito — "Aaaaahhh!" — que faz o boi se assustar.

O jarro pesado está cheio até a tampa de moedas e joias, prata e ouro. O lavrador remexe o tesouro, deixando escorrer

---

[1] Thomas MOORE, *The Care of the Soul*, p. 200.

entre os dedos as moedas preciosas, os brincos maravilhosos e os diamantes de brilho intenso. Furtivamente, o homem olha em volta para ver se há alguém observando. Feliz por estar sozinho, ele amontoa a terra sobre o jarro enterrado, faz um sulco raso na superfície, coloca uma pedra grande para marcar o local e volta a arar o campo.

O lavrador está bastante mobilizado pela excelente descoberta. Só consegue pensar naquilo; na verdade, esse pensamento o controla de tal modo que ele não consegue mais trabalhar durante o dia sem se distrair, assim como não dorme bem à noite. O campo precisa se tornar sua propriedade!

Como trabalhador contratado na base de pagamento de diárias, é impossível para ele tomar posse do tesouro enterrado. Onde conseguir o dinheiro para comprar o campo? Às favas com a cautela e a discrição! Ele vende tudo o que possui. Consegue um preço justo por sua cabana e pelas poucas ovelhas que havia adquirido. Procura parentes, amigos e conhecidos, a quem pede muito dinheiro emprestado. O proprietário do campo está feliz da vida com o preço exorbitante oferecido pelo comprador, e o vende ao lavrador sem pensar duas vezes.

A esposa do novo proprietário está furiosa. Os filhos não se conformam. Os amigos o censuram. Os vizinhos balançam a cabeça, em sinal de desaprovação: "Ele ficou tempo demais sob o sol". Mesmo assim, estão intrigados com tanto entusiasmo.

O lavrador permanece sereno, até mesmo alegre, diante da oposição generalizada. Ele sabe que se envolveu numa transação comercial extremamente lucrativa e se regozija ao pensar nos resultados. O tesouro, que aparentemente fora enterrado no campo por segurança antes da última guerra, e cujo dono não sobreviveu, dá um retorno de mais de cem vezes o preço que pagou. Ele quita todas as dívidas e constrói o equivalente a uma mansão. O humilde lavrador é agora um homem que fez fortuna, invejado por seus inimigos, saudado por seus amigos e livre de preocupações pelo resto da vida.

> O reino dos céus é semelhante a um tesouro oculto no campo, o qual certo homem, tendo-o achado, escondeu. E, transbordante de alegria, vai, vende tudo o que tem e compra aquele campo.
>
> Mateus 13:44

Essa parábola representa a alegre descoberta do Reino. Joachim Jeremias, estudioso da Bíblia, comentou:

> Quando essa grande alegria toma conta de um homem, ela o arrebata, penetra em seu íntimo e subjuga sua mente. Tudo o mais parece nada valer, se comparado àquele valor extraordinário. A entrega sem reservas daquilo que é mais valioso torna-se o caminho natural. O ponto-chave da parábola não é aquilo de que o homem abre mão, mas a razão para agir assim: a maravilhosa experiência da descoberta. Assim é também com o reino de Deus. O efeito da boa nova é irresistível; enche o coração de felicidade; muda completamente a direção da vida de uma pessoa e produz o mais sincero sacrifício pessoal.[2]

Vamos transpor a parábola do tesouro para uma situação mais moderna. Em 10 de julho de 1993, Leslie Robins, um professor de ensino médio de trinta anos de idade que vivia em Fond du Lac, Wisconsin, ganhou 111 milhões de dólares, o maior prêmio de loteria pago a um só apostador na história dos Estados Unidos.

Na mesma hora, pegou um avião de Wisconsin para Lakeland, na Flórida, para reatar com sua noiva Colleen DeVries. Em entrevista ao jornal, Robins disse: "Nos dois primeiros dias, acho que estávamos mais assustados e intimidados do que felizes. Além de tudo, as coisas estão começando a se acalmar a ponto de estarmos mais à vontade".

---

[2] *The Parables of Jesus*, p. 84.

Seria arrogância dizer que Leslie e Colleen foram "afetados" por seu destino, e que ganhar o prêmio da loteria despertou a paixão em suas almas? Uma paixão idêntica à do lavrador na parábola?

Robins tinha 180 dias, depois do sorteio, para resgatar o prêmio. Entretanto, vamos supor que esses dois nativos do Winsconsin fossem fanáticos por esportes. Ficam tão entusiasmados ao ver o time pelo qual torcem nas finais do campeonato que se esquecem de requerer o prêmio. Os 180 dias expiram e eles perdem 3,5 milhões de dólares (descontados os impostos) por ano, pelos próximos vinte anos. Qual seria seu veredicto para o jovem casal? Tolos?

Minha resposta seria a mesma, embora temperada com compreensão e compaixão. Fiz exatamente isso. Nessa hipótese, a servidão cega do casal seria para os esportes; a minha era para o álcool. Consigo me identificar com essa tolice. Eles teriam se privado de uma fortuna por causa de uma equipe esportiva; eu me privei do tesouro por causa de *bourbon* e vodca. Durante aqueles dias de vinho amargo e rosas murchas, quando escondia garrafas de uísque no banheiro, no porta-luvas do carro e no vaso de gerânio, ocultei-me de Deus em meio a lágrimas e risadas vazias. O tempo todo eu sabia do paradeiro do tesouro.

Uma coisa é descobrir o tesouro e outra, bem diferente, é requerer o direito sobre ele por meio de determinação implacável e esforço tenaz.

A mesquinhez de nossa vida é devida, em grande parte, à fascinação com as bugigangas e os troféus do mundo irreal, que o tempo consome. Sexo, drogas, bebida, busca desenfreada por dinheiro, prazer e poder e mesmo um pouco de religião extinguem a consciência a respeito da realidade da ressurreição. A superficialidade religiosa, o prestígio mundano, a inconsciência temporária, o fanatismo, o cinismo ou a indiferença não podem dissimular a ausência aterrorizante de sentido na igreja e na sociedade.

Qualquer que seja o vício — um relacionamento sufocante, uma dependência do organismo ou mera preguiça —, ele entorpece nossa capacidade de ser afetados por Cristo. A indolência é a recusa de continuar a jornada interior, uma paralisia provocada pela opção de se proteger da paixão.[3] Quando não somos profundamente afetados pelo tesouro ao nosso alcance, a apatia e a mediocridade são inevitáveis. Para que a paixão não degenere em nostalgia ou sentimentalismo, precisa ser renovada em sua origem.

O tesouro é Jesus Cristo; ele é o Reino dentro de nós.

CONTA-SE A HISTÓRIA de um casal de judeus muito piedosos. Haviam se casado com grande amor, um amor que nunca morreu. A maior esperança deles era ter um filho; assim, o amor poderia caminhar sobre a terra com alegria.

No entanto, enfrentaram dificuldades. Por serem muito religiosos, oravam com perseverança. Como resultado de outros grandes esforços, imagine só, a esposa concebeu. Quando soube que estava grávida, riu mais alto do que Sara ao conceber Isaque. A criança agitava-se em seu ventre mais alegremente do que João no de Isabel quando Maria a visitou. Nove meses depois, um garotinho encantador veio ao mundo.

Deram-lhe o nome de Mardoqueu. Era impetuoso, espirituoso. Devorava cada dia da vida e sonhava durante a noite. O sol e a lua eram seus brinquedos. Cresceu em idade, sabedoria e graça, até chegar a hora de ir à sinagoga e aprender a Palavra de Deus.

Na noite anterior ao início dos estudos, os pais disseram a Mardoqueu quão importante era a Palavra de Deus. Enfatizaram que, sem ela, Mardoqueu seria como uma folha solta ao sabor do vento. Ele ouviu com grande atenção. No entanto, no dia seguinte, não foi à sinagoga. Em vez disso, foi para a floresta, nadou no lago e subiu nas árvores.

Quando chegou em casa, naquela noite, a notícia havia se espalhado por todo o vilarejo. Todos tinham tomado conhecimento

---

[3] Jeffrey D. IMBACH, *The Recovery of Love*, p. 134.

de sua atitude vergonhosa, e os pais concordavam com aqueles que o criticavam. Não sabiam o que fazer.

Assim, chamaram os disciplinadores para mudar o jeito de ser de Mardoqueu até que não houvesse nenhum comportamento nele que não tivesse sido modificado. Mesmo assim, no dia seguinte, ele foi para a floresta, nadou no lago e subiu nas árvores. Então, recorreram aos psicólogos, que derrubaram os bloqueios mentais de Mardoqueu. Mesmo assim, no dia seguinte, ele foi para a floresta, nadou no lago e subiu nas árvores.

Os pais ficaram aflitos pela situação daquele filho amado. Parecia não haver nenhuma esperança. Nessa mesma época, o Grande Rabino visitou a vila. Os pais disseram: "Ah! Talvez o Rabino". Então levaram Mardoqueu ao Rabino e contaram sua história dolorosa. O Rabino disse, com firmeza: "Deixe o garoto comigo, terei uma conversa com ele".

Já era muito ruim o fato de Mardoqueu não ir à sinagoga. Mas deixar o filho amado com aquela fera de homem era aterrorizante. Contudo, tendo chegado a esse ponto, resolveram deixá-lo. Agora Mardoqueu estava no corredor e o Grande Rabino, em seu gabinete. Ele o chamou, acenando: "Garoto, venha aqui". Tremendo, Mardoqueu se aproximou. Então, o Grande Rabino o pegou e abraçou junto ao coração, em silêncio.

Os pais foram buscar Mardoqueu e o levaram para casa. No dia seguinte, ele foi à sinagoga para aprender a Palavra de Deus. Quando acabou, foi para a floresta. A Palavra de Deus se uniu às palavras da floresta, que se uniram às palavras de Mardoqueu. Ele nadou no lago. A Palavra de Deus se uniu às palavras do lago, que se uniram às palavras de Mardoqueu. Ele subiu nas árvores. A Palavra de Deus se uniu às palavras das árvores, que uniram às palavras de Mardoqueu.

Assim, Mardoqueu cresceu e se tornou um grande homem. Pessoas tomadas pelo pânico vinham a ele e encontravam paz. As solitárias vinham a ele e encontravam comunhão. Gente sem esperança vinha a ele e encontrava uma saída. E quando alguém o procurava, ele dizia: "Aprendi pela primeira vez a Palavra de Deus quando o Grande Rabino me abraçou em silêncio perto de seu coração".[4]

O coração é tradicionalmente considerado o centro das emoções, a partir do qual surgem os sentimentos mais fortes, como o amor e o ódio. Entretanto, essa descrição simplista do coração como base das afeições o limita a apenas uma dimensão do "eu" integral. É claro que isso não é tudo o que temos em mente quando oramos: "Cria em mim, ó Deus, um coração puro" (Sl 51:10); nem o que Deus quis dizer quando falou pela boca de Jeremias: "Na mente, lhes imprimirei as minhas leis, também no coração lhas inscreverei" (Jr 31:33); ou o que Jesus quis dizer quando falou: "Bem-aventurados os limpos de coração" (Mt 5:8).

O coração é o símbolo que empregamos para captar a essência mais profunda da pessoalidade. Simboliza aquilo que reside no centro de nosso ser; define, de modo irredutível, quem somos de fato. Só podemos conhecer e ser conhecidos quando revelamos o que está no coração.

Quando Mardoqueu ouviu o pulsar do coração do Grande Rabino, ouviu mais do que a sístole e a diástole de um órgão humano palpitante. Ele penetrou na consciência do Rabino, adentrou sua subjetividade e veio a conhecê-lo de uma forma que abarcou intelecto e moção — e os transcendeu. Um coração falou ao outro. Pense nesta afirmação provocativa de Blaise Pascal: "O coração tem razões que a própria razão desconhece".

CERTA VEZ, num retiro silencioso de cinco dias, dediquei o tempo inteiro ao Evangelho de João. Sempre que uma frase fazia meu

---

[4] John SHEA, *Starlight*, p. 115-117. Shea fez uma releitura dessa história, cortesia de Reuben Gold e da tradição hassídica. Os primeiros trabalhos de sua fase posterior, *Stories of Faith* e *Stories of God*, constituem um tesouro de parábolas modernas acompanhadas de uma análise brilhante do poder da narração de histórias.

coração se agitar, eu a escrevia de próprio punho num diário. O primeiro de muitos registros também foi o último: "Ora, ali estava conchegado a Jesus um dos seus discípulos, aquele a quem ele amava [...] reclinando-se sobre o peito de Jesus..." (Jo 13:23,25).

Não devemos nos afobar, passando direto por essa cena em busca de uma revelação mais profunda, sob o risco de deixar de aprender uma lição magnífica. João deita sua cabeça no coração de Deus, no peito do Homem que o concílio de Niceia definiu como "co-igual e consubstancial com o Pai [...] Deus em Deus, Luz na Luz, o verdadeiro Deus no verdadeiro Deus".

Essa passagem não deve ser reduzida a uma lembrança histórica. Pode se tornar um encontro pessoal, afetando radicalmente nosso entendimento sobre quem Deus é e como deve ser nosso relacionamento com Jesus. Deus consente que um jovem judeu, na insignificância de seus vinte e poucos anos, recline e ouça o pulsar do coração do Criador!

Será que já vimos o Jesus humano mais de perto? Evidentemente, João não estava intimidado pelo fato de estar com Jesus. Não sentia medo de seu Senhor e Mestre. O Jesus que João conhecia não era um místico usando capuz, preocupado com visões celestiais; nem era aquela figura meio fantasmagórica de cabelos longos e roupas esvoaçantes. João foi profundamente afetado por aquele Homem santo.

Temendo perder de vista a divindade de Jesus, distanciei-me de sua humanidade, como um dos antigos adoradores que protegiam os olhos do Santo dos Santos. Minha inquietação denuncia uma estranha hesitação de minha crença, uma apreensão incerta a respeito de uma Divindade remota, em vez da confiança íntima num Salvador pessoal. Quando João reclina no peito de Jesus e ouve o pulsar do coração do Grande Rabino, passa a conhecê-lo de uma forma que ultrapassa o mero conhecimento cognitivo.

Que diferença enorme há entre *saber* que alguém existe e *conhecer* Jesus! Podemos saber tudo sobre uma pessoa — nome, local de nascimento, família de origem, formação acadêmica, hábitos, aparência —, mas todas essas informações vitais nada dizem a respeito da pessoa que ama a Deus, que vive e anda com ele.

Num lampejo de compreensão intuitiva, João sente Jesus como a face humana do Deus que é amor. E ao descobrir quem é o Grande Rabino, João se descobre como o discípulo que Jesus amava. Anos depois, o evangelista escreveria: "No amor não existe medo; antes, o perfeito amor lança fora o medo. Ora, o medo produz tormento; logo, aquele que teme não é aperfeiçoado no amor" (1Jo 4:18).

Beatrice Bruteau escreveu: "Para conhecer determinada coisa é preciso adentrá-la, entrar em sua consciência, ou seja, assimilar aquela mesma consciência na própria subjetividade: 'Tende em vós o mesmo sentimento que houve também em Cristo Jesus' (Fp 2:5)".[5]

Sinto que foi isso que aconteceu no cenáculo. O discípulo amado não apenas passou a conhecer Jesus, mas tudo quanto o Mestre havia ensinado passou a fazer sentido de repente, como se uma estrela tivesse acabado de explodir. "Aprendi pela primeira vez a Palavra de Deus quando o Grande Rabino me abraçou em silêncio perto de seu coração". Para João, o cerne do cristianismo não era uma doutrina hereditária, mas uma mensagem nascida da própria experiência. Tal mensagem está contida nesta declaração: "Deus é amor" (1Jo 4:16).

Certa vez, o filósofo Bernard Lonergan comentou: "Toda a experiência religiosa é, em suas raízes, uma experiência de paixão incondicional e irrestrita".[6] O resgate da paixão começa com o resgate do "eu" verdadeiro na condição de amado. Se encontro Cristo, me encontro; e se encontro o "eu" verdadeiro, encontro Cristo. Esse é o alvo e o propósito de nossa vida. João não acre-

---

[5] *Radical Optimism*, p. 99. Ela é fundadora de uma escola de oração em Pfafftown, na Carolina do Norte, e uma guia confiável para consciência contemplativa.
[6] Robert J. WICKS, *Touching the Holy*, p. 14. Wicks cita essas palavras de Lonergan, o qual afirma categoricamente que toda experiência religiosa genuína é um encontro com o Amor infinito.

ditava que Jesus era a coisa mais importante que existia; ele cria que Jesus era a única coisa que existia. Para o "discípulo a quem Jesus amava", qualquer coisa menor não era fé genuína.

Creio que aquela noite, no cenáculo, foi um momento definitivo na vida de João. Cerca de sessenta anos após a ressurreição de Cristo, o apóstolo — como um garimpeiro que explora o ribeiro de sua memória — lembra de tudo o que acontecera durante os três anos de amizade com Jesus. Faz uma referência especial àquela noite sagrada, quando todas as coisas passaram a fazer sentido, e afirma a essência de sua identidade com estas palavras: "Então, Pedro, voltando-se, viu que também o ia seguindo o discípulo a quem Jesus amava, o qual na ceia se reclinara sobre o peito de Jesus" (Jo 21:20).

Se fizéssemos a seguinte pergunta a João: "Qual é sua identidade primordial, sua percepção mais coerente a respeito de si?", ele não responderia: "Sou discípulo, apóstolo, evangelista", mas: "Sou aquele a quem Jesus ama".

O encontro íntimo do discípulo amado com Jesus naquela noite de quinta-feira não passou despercebido pela Igreja primitiva. Oferecendo testemunho explícito da autoria de João para o quarto Evangelho, Irineu (cerca de 180 d.C.) escreveu: "Por fim, também João, o discípulo do Senhor que se reclinou sobre seu peito, ele mesmo produziu um evangelho enquanto esteve em Éfeso".[7]

Ler João 13:23-25 sem fé é fazê-lo sem nenhum proveito. Para nos arriscarmos numa vida apaixonada, precisamos ser "afetados por" Jesus como João foi; precisamos senti-lo com a vida, e não apenas com a memória. Até que seja capaz de reclinar minha cabeça sobre o peito de Jesus, ouvir as batidas de seu coração e me apropriar da experiência com Cristo, da qual João foi testemunha ocular, minha espiritualidade será apenas uma derivação. Meu impostor, muito astuto, tomará emprestado aquele momento

---

[7] *The Jerusalem Bible — Introduction to Saint John*, p. 144.

íntimo de João e tentará tomar conta dele como se fosse uma experiência minha.

Relatei certa vez a história de um homem idoso que estava morrendo por causa do câncer.[8] A filha desse homem pedira ao sacerdote da região para visitá-los e orar com o pai. Quando o sacerdote chegou, encontrou-o deitado na cama, com a cabeça apoiada em dois travesseiros e uma cadeira vazia ao lado da cama. Supôs que o velhinho tivesse sido informado da visita.

— Acho que você estava me esperando — disse o sacerdote.

— Não, quem é você? — perguntou o idoso.

— Sou o novo membro de sua paróquia. Quando vi a cadeira vazia, achei que você sabia que eu estava para aparecer.

— Ah, sim, a cadeira. Você se importaria de fechar a porta?

Intrigado, o sacerdote fechou a porta.

— Nunca contei isso a ninguém, nem mesmo à minha filha — disse o homem sobre a cama —, mas por toda a minha vida nunca aprendi a orar. Aos domingos, na igreja, costumava ouvir o sacerdote falar sobre oração, mas aquilo tudo entrava por um ouvido e saía por outro. Por fim, absolutamente frustrado, eu disse a ele: "Não entendo nada do que você fala sobre oração". Então ele abriu a última gaveta da mesa e falou: "Aqui está. Leia este livro de Hans Urs von Balthasar. É um teólogo suíço. É o melhor livro sobre oração contemplativa do século XX". Levei o livro para casa e tentei ler, mas logo nas primeiras três páginas tive de procurar doze palavras no dicionário. Devolvi o livro ao sacerdote, falei "obrigado" e, em voz baixa, completei: "Por nada".

Aquele homem idoso continuou seu relato.

— Abandonei todos os esforços para aprender a orar, até que, um dia, há mais ou menos quatro anos, meu melhor amigo me disse: "Joe, orar é uma simples questão de ter uma conversa com Jesus. Minha sugestão é a seguinte: sente-se numa cadeira, coloque

---

[8] Brennan MANNING, *Lion and Lamb: The Relentless Tenderness of Jesus*, p. 129-130.

uma cadeira vazia na sua frente e, pela fé, veja Jesus nessa cadeira. Não há nada de fantasmagórico nisso porque ele prometeu: 'Estou convosco todos os dias'. Portanto, apenas fale com ele e o ouça da mesma forma que está me ouvindo bem agora". A partir daí, experimentei e gostei tanto que faço isso duas horas por dia. Apesar disso, sou muito cuidadoso. Se minha filha me visse conversando com uma cadeira vazia, teria um ataque de nervos ou me mandaria para um hospício.

O sacerdote ficou profundamente comovido com a história e incentivou aquele senhor a continuar sua jornada. Em seguida, orou com ele, o ungiu e voltou para a residência paroquial. Duas noites depois, a filha ligou para contar ao sacerdote que seu pai havia morrido naquela tarde.

— Pareceu a você que ele morreu em paz? — perguntou o sacerdote.

— Sim. Quando eu saí de casa, por volta das duas da tarde, ele pediu que me aproximasse da cama, contou uma de suas velhas piadas e me deu um beijo no rosto. Quando voltei da loja, uma hora depois, encontrei-o morto. Mas aconteceu uma coisa estranha. Aparentemente, um pouco antes de papai morrer, ele se inclinou e repousou a cabeça sobre a cadeira ao lado da cama.

O Cristo da fé não é menos acessível a nós, na realidade de sua ressurreição, do que era o Cristo da história, encarnado, a seu discípulo amado. João enfatiza essa verdade quando cita o Mestre: "Eu vos digo a verdade: convém-vos que eu vá" (cf. 16:7). Por quê? De que maneira a partida de Jesus poderia beneficiar a comunidade dos fiéis?

Em primeiro lugar, "se eu não for, o Consolador não virá para vós outros; se, porém, eu for, eu vo-lo enviarei". Segundo, porque enquanto Jesus ainda era fisicamente visível, havia o perigo de os apóstolos ficarem tão apegados à visão de seu corpo humano que poderiam trocar a certeza da fé pela evidência tangível dos sentidos. Ver Jesus encarnado era um privilégio extraordinário, mas os que não o viram e, ainda assim, creram são mais bem-aventurados (Jo 20:29).

À LUZ DA EXPERIÊNCIA pessoal de João, não chega a surpreender o fato de ele levantar uma questão central para quem lê seu Evangelho: "Você conhece e ama Jesus, o Messias e Filho de Deus?".

O sentido e a plenitude da vida brotam disso. Tudo o mais some no crepúsculo. Como Edgar Bruns escreve em seu ensaio "The Art and Thought of John", "o leitor é, por assim dizer, cegado pelo esplendor de sua imagem e sai dessa experiência como o homem que olhou demoradamente para o sol, incapaz de ver qualquer coisa além da luz".

A amizade com Jesus emerge como tema dominante em João. Por meio da imagem da videira com seus ramos, Cristo nos convoca para habitar um novo espaço, no qual podemos viver sem ansiedade ou medo. "Permanecei em mim, e eu permanecerei em vós" (Jo 15:4). "Quem permanece em mim, eu, nele, esse dá muito fruto" (15:5). "Como o Pai me amou, também eu vos amei; permanecei no meu amor" (15:9). O poeta John Donne clama por todos nós:

> Toma-me, aprisiona-me, pois,
> A não ser que me subjugues, jamais serei livre,
> Nem mesmo virtuoso, a não ser que me catives.[9]

Olhar para Jesus através do prisma dos valores joaninos fornece uma percepção singular das prioridades do discipulado. O relacionamento de uma pessoa com Cristo está acima de qualquer outra consideração. O que estabelece a primazia na comunidade cristã não é o apostolado ou o ofício eclesiástico, nem títulos ou territórios, nem os dons de línguas, cura ou profecia, nem a pregação inspirada, mas somente nossa resposta à pergunta de Jesus: "Tu me amas?".

O evangelho de João dirige uma palavra profética à Igreja contemporânea, acostumada a tratar pessoas carismáticas com deferência

---

[9] William BARRY, *God's Passionate Desire and Our Response*, p. 33. Extraído de *Holy Sonnets*, de John DONNE, p. 14 [publicado no Brasil sob o título *Sonetos de meditação*, Rio de Janeiro: Philobiblion, 1985].

excessiva: somente o amor de Jesus Cristo determina a condição e confere dignidade. Antes de Pedro ser vestido com o manto da autoridade, Jesus lhe perguntou (não uma, mas três vezes): "Tu me amas?". A pergunta não é apenas contundente, mas reveladora: "Se a autoridade é dada, precisa estar fundamentada no amor de Jesus".[10]

A liderança na igreja não é confiada a empreendedores bem-sucedidos, a estudiosos brilhantes da Bíblia, a gênios da administração ou a pregadores carismáticos (embora esses recursos possam ser úteis), mas àqueles que foram tomados por uma paixão consumidora por Cristo: homens e mulheres apaixonados, a quem o privilégio e o poder são banais, se comparados ao amor e ao conhecimento de Jesus. Henri Nouwen constrói o seguinte raciocínio a respeito dessas qualificações para a liderança:

> Líderes cristãos não podem ser apenas pessoas que possuem opinião sólida sobre os assuntos mais importantes de nosso tempo. Sua liderança deve estar arraigada no relacionamento permanente e íntimo com a Palavra encarnada, Jesus. Os líderes precisam encontrar aí a fonte das palavras, das orientações e dos conselhos [...] Lidar com questões muito importantes leva a divisões, pois, antes que percebamos, a percepção que temos a nosso respeito é influenciada pela opinião que temos sobre determinado assunto. Mas, quando estamos firmemente enraizados numa intimidade pessoal com a fonte da vida, é possível permanecer flexível sem relativizar tudo; convicto sem ser rígido; disposto a confrontar sem ser ofensivo; gentil e misericordio sem ser fraco; e testemunhas verdadeiras sem ser manipuladores.[11]

---

[10] Raymond, BROWN. *The Churches the Apostles Left Behind*. Nova York/Ramsay: Paulist, 1984, p. 93. Livro de teor pastoral com forte sabor ecumênico, analisa os pontos fortes e fracos das diversas igrejas neotestamentárias. Sua análise cuidadosa apresenta conceitos esclarecedores, e é de vital relevância para a vida da Igreja contemporânea.

[11] Henri NOUWEN, *In the Name of Jesus*, p. 42. Um estudo esclarecedor e inspirador sobre a liderança na Igreja, baseado em critérios bíblicos.

Basta-nos examinar as divisões e os cismas na história da Igreja, as épocas conturbadas de ódio e rivalidade, para enxergar as consequências desastrosas de se ignorar o critério de João para a liderança. Trememos só de pensar na dor causada pelos cavaleiros das cruzadas cristãs ao longo dos séculos, em nome da ortodoxia.

DURANTE TODO O MEU RETIRO, tendo João como companhia e farol, fui impactado pela escolha que ele fez de verbos e advérbios ao narrar sua percepção e a dos outros a respeito de Jesus.

Ao ser avisada, por sua irmã Marta, que Jesus tinha chegado a Betânia e queria vê-la, Maria levantou-se *depressa* e foi ter com ele (cf. 11:29). Maria Madalena estava chorosa, com o coração despedaçado, quando encontrou o túmulo vazio. Assim que reconheceu Jesus, quando ele a chamou pelo nome, ela o *deteve* — "Não me detenhas; porque ainda não subi para meu Pai" (20:17).

Tão logo Pedro e João receberam a notícia sobre o túmulo vazio, correram juntos para o jardim, mas o outro discípulo, correndo mais rápido que Pedro, chegou ao túmulo antes (cf. 20:3-4). Pedro, que negou Jesus, que falhou como amigo na hora da crise, um covarde de alma diante da criada no pátio, *lançou-se* às águas, quase nu, assim que João lhe contou que Jesus estava na praia. "Aquele discípulo a quem Jesus amava disse a Pedro: É o Senhor! Simão Pedro, ouvindo que era o Senhor, cingiu-se com sua veste, porque se havia despido, e lançou-se ao mar" (cf. 21:7). João destaca o fato de que o barco estava a mais de noventa metros de distância da praia.

Esses personagens bíblicos, por mais simples ou pomposas que fossem suas histórias pessoais, não ficaram paralisados por causa do passado quando souberam a respeito de Jesus. Deixando de lado o constrangimento, correram, se detiveram, se lançaram e se apressaram na direção dele. Pedro o negou e abandonou, mas não teve medo.

Suponhamos, por um instante, que, num lampejo de discernimento, você descobrisse que todas as suas motivações para o ministério fossem essencialmente egocêntricas; ou imaginemos que você tenha se embebedado e cometido adultério ontem à noite; ou ainda que tenha deixado de atender a um pedido de ajuda e a pessoa cometeu o suicídio. O que você faria?

Será que a culpa, a autocondenação e o ódio consumiriam você, ou preferiria se lançar nas águas e nadar noventa metros, a toda velocidade, na direção de Jesus? Assombrado pela sensação da falta de valor, permitiria que a escuridão dominasse sua vida ou deixaria Jesus ser quem ele é — o Salvador de compaixão ilimitada e de paciência infinita, um Deus amoroso que desconsidera os nossos pecados?

João parece estar dizendo que os discípulos de Jesus correram porque eram loucos por ele; ou, na prosa mais comedida de Raymond Brown, "Jesus foi lembrado como aquele que demonstrou amor naquilo que fez e que foi profundamente amado por aqueles que o seguiram".

O discípulo amado envia um recado tanto ao pecador coberto pela vergonha quanto à igreja local, hesitante e lerda em perdoar por medo de parecer negligente ou liberal. O número de pessoas que deixou a igreja por ela ser paciente ou compassiva demais é desprezível; a quantidade dos que fugiram por considerá-la implacável é trágica.

QUANDO ROSLYN e eu estávamos namorando, aproveitava cada oportunidade para visitá-la em Nova Orleans. Na primavera de 1978, depois de conduzir um retiro de dez dias em Assis, na Itália, para setenta clérigos norte-americanos e canadenses, peguei o avião de volta com o grupo para Twin Cities, chegando às três da manhã.

Desgastado pelo fuso horário e agendado para falar, na manhã seguinte, em outra conferência em São Francisco, a coisa mais óbvia e prudente a fazer seria pegar o avião direto para Bay City. Em vez disso, fiquei em Minneapolis até as seis da manhã, peguei um voo para Nova Orleans e fiz um delicioso piquenique com minha amada às margens do lago Pontchartrain, antes de viajar para São Francisco. Pousei à meia-noite. Na manhã seguinte, estava radiante, alerta e cheio de energia, inflamado pelos anseios urgentes do amor. Estava apaixonado pelo amor.

O significado básico da paixão passageira é derivado do latim in-fatuus, que significa "tornar-se tolo".[12] A experiência nos diz que a vida nem sempre é vivida com tal lirismo. A excitação e o entusiasmo devem, no fim, dar lugar à quietude, à contemplação. A paixão passageira deve resistir à separação, à solidão, ao conflito, à tensão e aos fragmentos de tédio que desafiam a capacidade de persistir. Para que sobreviva, a intimidade ilusória da primeira fascinação precisa amadurecer para se tornar intimidade genuína, caracterizada por sacrifício pessoal, apreço e comunhão com o amado.

Muitos de nós podemos lembrar de algum momento imprevisível no qual fomos profundamente afetados por um encontro com Jesus Cristo — uma experiência fora do comum que proporcionou imenso consolo e alegria sincera. Fomos envolvidos em enlevo e amor. De forma bem simples, estávamos apaixonados por Jesus, apaixonados pelo amor. Para mim, a experiência durou nove anos.

Então, logo após a ordenação, fiquei entorpecido com o sucesso. O aplauso e a aclamação no ministério abafaram a voz do Amado. Eu estava em evidência. Que sentimento embriagante era ser tão admirado requisitado! Como minha disponibilidade incondicional aumentava e a intimidade com Cristo diminuía, eu raciocinava da seguinte forma: aquele era o preço a ser pago por servir de modo irrestrito ao empreendimento do reino de Deus.

Anos depois, a fama se esvaneceu e minha popularidade declinou. Quando a rejeição e o fracasso fizeram sua primeira aparição indesejável, eu estava espiritualmente despreparado para a devastação interior. A solidão e a tristeza invadiram minha alma. Em busca de alguma experiência que mudasse meu humor, bebia

---

[12] Thomas J. TYRELL, *Urgent Longings: Reflections on the Experience of Infatuation, Human Intimacy, and Contemplative Love*, p. 17.

demais. Com minha predisposição ao alcoolismo, tornei-me um bêbado contumaz num período de dezoito meses.

Abandonei o tesouro e voei para longe da sacralidade simples da minha vida. Por fim, procurei me tratar em Hazelden.[13] Quando a neblina alcoólica se dissipou, sabia que havia apenas um lugar aonde ir. Mergulhei no íntimo de minha alma, aquietei-me e ouvi o coração do Rabino pulsando.

Os anos subsequentes não foram marcados por uma consciência permanente da realidade da ressurreição; minha vida não chega a ser nenhuma espiral ininterrupta na direção da santidade. Cometo deslizes e tenho recaídas, tenho ataques de ressentimento e frustrações, passo por períodos de alta ansiedade e baixa autoestima. A boa notícia é que esses períodos duram cada vez menos.

Qual é o objetivo de me expor assim? Para aqueles que foram tomados pela opressão de pensar que Deus trabalha apenas por meio de santos, é uma palavra de encorajamento. Para os que cumpriram a palavra profética de Jesus a Pedro — "Antes que o galo cante, tu me negarás três vezes" —, é uma palavra de libertação. Aos presos na armadilha do cinismo, da indiferença ou do desespero, é uma palavra de esperança.

Jesus é o mesmo ontem, hoje e eternamente (Hb 13:8). O modo como se identificou com Pedro, João e Maria Madalena é o mesmo como se identifica conosco. O resgate da paixão começa com a reavaliação do valor do tesouro, continua quando permitimos ao Grande Rabino nos segurar perto de seu coração e culmina numa transformação pessoal para a qual nem estamos preparados.

Não é de surpreender o fato de o impostor se encolher ao descobrir que, longe de Cristo, suas supostas virtudes não passam de vícios envernizados.

---

[13] Uma fundação, em Center City, Minnesota, especializada em programas de tratamento e prevenção na área de dependência química e de álcool (N. do T.).

CAPÍTULO OITO

DETERMINAÇÃO E FANTASIA

No livro *The Way to Love*, Anthony DeMello escreve de modo bem franco:

> Olhe para sua vida e perceba como tem usado as pessoas para preencher o vazio. Como consequência, elas lhe deram uma chave de braço. Veja como elas controlam seu comportamento quando o aprovam ou desaprovam. Elas detêm o poder de aliviar sua solidão oferecendo companhia, elevar seu espírito com elogios, levá-lo às profundezas com críticas e rejeição. Veja como você dedica quase todos os momentos do dia para acalmar as pessoas e lhes agradar, estejam elas vivas ou mortas. Você vive pelas normas que elas impõem, se adequa a seus padrões, busca a companhia delas, deseja seu amor, teme que elas o ridicularizem, anseia por seu aplauso, submete-se passivamente à culpa que colocam sobre você; morre de medo de ir contra a moda no jeito de se vestir, falar, agir e até mesmo pensar. E perceba que, mesmo quando as controla, você depende delas e se torna um escravo. As pessoas se tornaram de tal maneira parte de seu ser que você não consegue nem imaginar uma vida que não seja afetada ou controlada por elas.[1]

[1] P. 64.

O evangelho de João diz que os judeus são incapazes de crer porque aceitam "glórias uns dos outros" (cf. 5:44). Parece haver uma incompatibilidade radical entre o respeito humano e a fé genuína em Cristo. Os golpes ou o escárnio das pessoas com quem nos relacionamos tornam-se mais importantes do que a aprovação de Jesus.

Como escrevi anteriormente, o pecado dominante de minha vida adulta tem sido a recusa covarde de pensar, sentir, agir, reagir e viver a partir do "eu" verdadeiro por causa do medo de ser rejeitado. Isso não quer dizer que deixei de crer em Jesus. Ainda creio nele, mas a pressão das pessoas limitou as fronteiras da minha fé. Nem estou dizendo que não amo mais a Jesus. Ainda o amo muito, mas às vezes amo outras coisas — especialmente minha bela imagem — mais do que a ele. Qualquer limite que eu tente me impor em relação à fé em Jesus e ao amor que tenho por ele desencadeia algum tipo de traição. Marcho *pari passu* com os apóstolos intimidados: "Então, os discípulos todos, deixando-o, fugiram" (Mt 26:56).

As opiniões dos outros exercem uma pressão sutil mas reguladora sobre as palavras que digo e as que engulo; a tirania das pessoas com quem me relaciono controla as decisões que tomo e as que me recuso a tomar. Tenho medo do que outros podem dizer. Peter G. van Breeman identificou este medo:

> Esse medo de ser ridicularizado paralisa de modo mais eficiente do que o faria um ataque direto ou uma crítica dura e franca. Quantas coisas boas deixam de ser feitas por causa de nosso medo da opinião dos outros! Este pensamento nos imobiliza: o que os outros dirão? A ironia de tudo isso é que as opiniões que mais tememos não são as das pessoas que realmente respeitamos, e, ainda assim, elas nos influenciam mais do que gostaríamos de admitir. Esse medo debilitante que temos de nossos pares pode gerar uma mediocridade pavorosa.[2]

---

[2] *Called By Name*, p. 88.

QUANDO CONSENTIMOS de bom grado com o mistério de sermos amados e aceitamos nossa identidade essencial como filhos de Deus, gradativamente ganhamos autonomia no que diz respeito aos relacionamentos controladores. Passamos a ser orientados por nossa consciência, em vez de ser dirigidos pelos outros. Os lampejos fugazes de prazer ou dor provocados pela afirmação ou pela censura dos outros nunca desaparecerão por completo, mas seu poder de induzir à autotraição diminuirá.

A paixão não é uma emoção intensa, mas a determinação ferrenha, acionada pelo amor, de se manter focado na consciência da atualidade da ressurreição de Cristo; um ânimo para se manter enraizado na verdade de quem sou e uma disposição de pagar o preço da fidelidade. *Possuir* um "eu" singular num mundo cheio de vozes contrárias ao evangelho requer muita determinação.

Em tempos de tanta conversa religiosa vazia e de proliferação de estudos bíblicos, curiosidade intelectual inútil e pretensão exacerbada, inteligência sem coragem é o mesmo que falência. A verdade da fé tem pouco valor quando não é, também, a vida do coração. O teólogo Antônio de Pádua, que viveu no século XIII, começava suas aulas com a frase: "De que vale o aprendizado que não se transforma em amor?". Sören Kierkegaard zombou da busca por conhecimento bíblico e teológico como um fim em si:

> Nós, matreiros e ladinos, agimos com se não entendêssemos o Novo Testamento porque compreendemos muito bem como deveríamos mudar de maneira drástica nosso jeito de viver. É por isso que inventamos a "educação religiosa" e a "doutrina cristã". Precisamos de mais uma concordância, outro dicionário, mais alguns comentários, três outras traduções, pois tudo isso é muito difícil de entender. Sim, é claro, amado Deus, todos nós — capitalistas, oficiais, ministros, proprietários de casas, mendigos, a sociedade inteira — estaríamos perdidos se não fosse a "doutrina erudita"![3]

---

[3] Citado por Peter G. VAN BREEMAN, *op. cit.*, p. 39.

A única grande paixão na vida de Jesus era seu Pai. Ele carregava um segredo em seu coração que fez dele uma pessoa grande e solitária.[4] Os quatro evangelistas não nos poupam dos detalhes brutais das perdas que Jesus suportou em nome da integridade, o preço que pagou por causa da fidelidade à sua paixão, identidade e missão. Sua própria família achou que ele devia ser detido (Mc 3:21); foi chamado de glutão e bêbado (Lc 7:34); os líderes religiosos suspeitaram de possessão demoníaca (Mc 3:22), e as pessoas que passavam o xingavam. Foi desprezado por aqueles a quem amou, considerado um perdedor, levado para fora da cidade e morto como um criminoso.

As pressões da acomodação religiosa e do conceito de politicamente correto presentes em nossa cultura nos colocam cara a cara com aquilo que Johannes Metz chamou de "a pobreza da singularidade". Sobre a mesa do escritório no qual escrevi este livro há uma foto de Thomas Merton com esta inscrição: "Se você se esquecer de tudo o mais que foi dito, sugiro que se lembre disto para o futuro: 'De agora em diante, todos devem agir com independência'".

A pobreza da singularidade é o chamado de Jesus para permanecermos inteiramente sozinhos quando a única alternativa é comprometer a própria dignidade. É um "sim" solitário para os sussurros do "eu" verdadeiro, a adesão à nossa identidade essencial, quando o companheirismo e o apoio comunitário são negados. É uma determinação corajosa de tomar decisões impopulares que expressam a verdade a nosso respeito — não aquilo que achamos que deveríamos ser ou que os outros desejam que sejamos. É confiar tanto em Jesus a ponto de cometer erros e crer que sua vida ainda pulsa dentro de nós. É a submissão despreocupada

---

[4] Johannes B. METZ, *Poverty Spirit*, p. 39-40. Este clássico da espiritualidade, de apenas 53 páginas e muitas edições, captura, em palavras de grande beleza e discernimento, a chave do evangelho: só podemos compreender nosso grande potencial humano por meio de uma dependência radical de Deus, que é o que significa ser pobre de espírito.

e visceral do "eu" verdadeiro à pobreza de nossa personalidade singular e misteriosa.

Em resumo, agir com independência é, via de regra, um ato heróico de amor.

Em nome da prudência, o impostor amedrontado nos levaria a trair nossa identidade e nossa missão, qualquer que seja — tomar posição ao lado de um amigo em tempos difíceis; solidariedade com o oprimido mesmo que isso obrigue a passar por ridículo; recusar a omissão diante da injustiça; lealdade resoluta ao cônjuge ou qualquer chamado ao dever numa noite de inverno.

Outras vozes clamam: "Não crie tumulto; diga o que todo mundo está dizendo e faça o que todo mundo está fazendo. Adapte sua consciência para ficar na moda. Estando em Roma, faça como os romanos. Você não quer que as pessoas o rejeitem; nem deseja ser tratado como maluco. Acostume-se e se acomode. De um jeito ou de outro, passariam por cima de você".

Metz escreveu:

> Assim prossegue a argumentação, incitando todos a viver o meio-termo, a mediocridade irrefletida, encoberta e protegida pelos legalismos, pelas convenções e bajulações de uma sociedade que suplica pelo endosso de cada atividade, mas se refugia no anonimato público. Na verdade, com tal anonimato se arrisca tudo e nada! — exceto um compromisso genuíno, aberto e pessoal. Mas, sem pagar o preço da pobreza implicado em tais compromissos, ninguém jamais cumprirá sua missão como ser humano. Somente isso nos capacita a encontrar a verdadeira personalidade.[5]

Qualquer pessoa que já tenha defendido a verdade da dignidade humana, não importando quão desfigurada, e testemunhado o recuo dos amigos que antes a apoiavam, inclusive censurando tal

---

[5] Id., p. 40.

ousadia, sente a solidão da pobreza da singularidade. Isso acontece todos os dias aos que escolhem sofrer em nome da consciência, mesmo quando se trata de questões aparentemente menores. Eles se veem sozinhos. Ainda estou por encontrar o homem ou a mulher que sinta prazer em tal responsabilidade.

A medida de nossa profunda consciência da atualidade da ressurreição de Cristo está em nossa capacidade de defender a verdade e suportar a censura de muita gente. A paixão crescente pela verdade evoca uma indiferença cada vez maior em relação à opinião pública e àquilo que as pessoas dizem ou pensam.

Não conseguimos mais nos deixar levar pela multidão ou fazer eco à opinião de outros. A voz interior, que diz: "Seja corajoso, sou eu, não tema", nos garante que nossa segurança reside no fato de não termos nenhuma segurança. Quando agimos com independência e assumimos a responsabilidade por nosso "eu" singular, crescemos em autonomia e determinação e nos libertamos da escravidão imposta pela aprovação humana.

Uma história contada com frequência em tavernas irlandesas capta esse espírito de libertação. Um turista estava trafegando por algumas estradas vicinais numa região remota da Irlanda. Em vez de correr o risco de se perder, decidiu ficar no carro e esperar a chegada de algum habitante local. Depois de um bom tempo, um homem da região se aproximou numa bicicleta. O turista o cumprimentou calorosamente e disse:

— Ei, Paddy,[6] estou feliz em vê-lo. Quero saber qual dessas estradas me leva de volta à vila.

— Como você sabia que meu nome é Paddy? — perguntou o homem.

— Ah, eu só adivinhei — respondeu o turista.

— Bem, nesse caso, você também consegue adivinhar qual é a

---

[6] Apelido dado aos irlandeses, muitas vezes de maneira pejorativa, derivado da contração do nome Patrick, muito comum no país. (N. do T.)

estrada certa! — disse o homem enquanto se afastava, pedalando com raiva.[7]

NOS ÚLTIMOS VINTE ANOS, tanto a psicologia quanto a religião enfatizaram a primazia do *ser* sobre o *fazer*. O tempo todo somos lembrados pelo pastor, pelo terapeuta e pelo vizinho da casa ao lado: "O que importa não é o que você *faz*, mas quem você *é*". Há, certamente, um elemento verídico nessa afirmação: quem somos em Deus é fundamental. Quem somos transcende o que *fazemos*, *dizemos* ou as características e qualidades que *possuímos*.[8]

Nos círculos religiosos, temos reagido de maneira contundente contra a heresia das obras e o foco farisaico em rituais infindáveis, que é a anulação da religião autêntica. Somos alertados a não nos identificar com a carreira ou o ministério porque, quando chega a idade, a doença ou a aposentadoria, nos sentimos indignos e inúteis, sem nenhuma pista sobre quem somos. Rejeitamos a cultura cristã quando ela parece igualar santidade e ações. Sabemos que o processo de conferir ou negar honras em uma igreja local é, muitas vezes, fundamentado em realizações ambíguas.

Aqui temos, novamente, um caso de sabedoria inegável. A tendência de construir uma autoimagem baseada na realização de atos religiosos conduz facilmente à ilusão farisaica. Quando a consciência que temos do "eu" está vinculada a uma tarefa específica qualquer — como ajudar numa cozinha, promover a consciência sobre o meio ambiente ou oferecer orientação espiritual —, assumimos uma abordagem funcional para a vida, e as obras se tornam o valor maior; perdemos contato com o "eu" verdadeiro e com a feliz combinação de dignidade misteriosa e pó magnífico que realmente somos.

Mas, ainda assim...

---

[7] Nicholas HARNAN, *The Heart's Journey Home, A Quest for Wisdom*, p. 132-133.
[8] Beatrice BRUTEAU, *Radical Optimism*, p. 95.

Mesmo reconhecendo a verdade contida nos parágrafos anteriores, quero afirmar que, mais do que qualquer outra coisa, o que *fazemos* pode ser bem mais decisivo e expressar de maneira mais efetiva a verdade maior de quem *somos* em Cristo. Não estou sugerindo acumular créditos para conseguir um lugar no banquete celestial por meio de grandes esforços para realizar boas obras. Porém, quem somos é difícil de determinar, mesmo para a investigação mais sofisticada e terapêutica da psique humana.

A fé nos diz que somos filhos amados de Deus. Ela nos convence da realidade da ressurreição de Jesus. Mas, como observou Sebastian Moore, "a religião oculta o medo de termos inventado a história do amor de Deus".[9] A fé genuína nos leva a conhecer o amor de Deus, a confessar Jesus como Senhor e à transformação que esse conhecimento produz.

Uma mulher idosa está muito doente no hospital. Sua melhor amiga lê Isaías 25:6-9 em voz alta para ela. Precisando do conforto e do apoio da fé, a senhora enferma pede à amiga que segure sua mão. Do outro lado da cama, o marido, que se considera um homem profundamente religioso e se orgulha pela ousadia de ter um adesivo escrito: "Buzine se você é cristão" no para-choque do carro, aproxima-se para pegar a outra mão. A esposa afasta o gesto, dizendo, com grande tristeza: "Herbert, você não é cristão. Sua crueldade e sua insensibilidade ao longo dos quarenta anos de nosso casamento me dizem que sua fé é uma ilusão".

Suponhamos que você sinta uma forte antipatia pelo vendedor de carros usados que lhe vendeu um carro horroroso, mesmo sabendo do estado. Você descobre que ele está no hospital, recuperando-se de um ataque cardíaco. Liga para a esposa desse

---

[9] *The Fire and the Rose Are One*, p. 14. Em três obras densas e brilhantes, incluindo *Let This Mind Be in You* e *The Crucified Jesus Is No Stranger*, Moore — monge da Abadia de Downside, na Inglaterra e conferencista muito requisitado nos Estados Unidos — desenvolve o tema da reconciliação de todas as coisas em Cristo.

vendedor, garante a ela que está orando e, em seguida, o visita no hospital, deixando um cartão desejando-lhe melhoras, junto com um pacote de biscoitos caseiros.

Você continua não gostando dele e desaprovando as táticas que ele usa. Quando deita a cabeça no travesseiro à noite, por que dar mais importância a essa antipatia e desaprovação do que ao fato de ter realizado um ato grandioso de gentileza que transcendeu seus sentimentos? Nesse caso, o que você *faz* importa mais do que quem você é. Simon Tugwell fez este comentário:

> Aquilo que fazemos pode ter mais versatilidade e valor do que aquilo que acontece nos bastidores de nossa vida psicológica. E pode ter significado maior para nossa existência em Deus, pois revela o verdadeiro propósito da atitude, mesmo quando ela não corresponde claramente a algum tipo de propósito pessoal.[10]

Alguém pode protestar: "Mas visitar o vendedor no hospital é uma falsidade; é fingimento e hipocrisia". Defendo que se trata do triunfo do *fazer* sobre o *ser*. Quando Jesus disse: "... amai os vossos inimigos, fazei o bem aos que vos odeiam", não creio que sua intenção fosse dizer que deveríamos brincar de ser amigos deles.

Substituir atos de amor por teorias mantém a vida a uma distância segura. Esse é o lado sombrio de se colocar o ser acima do fazer. Não foi essa a acusação que Jesus levantou contra a elite religiosa de sua época?

O compromisso cristão não é uma abstração. É um jeito concreto, visível, corajoso e formidável de viver neste mundo, fazendo escolhas diárias coerentes com a verdade interior. O compromisso que não se faz visível no serviço humilde, no discipulado sacrifical e no amor criativo é ilusão. Jesus não gosta de ilusões, e o mundo não tem qualquer interesse em abstrações. "E todo aquele que

---

[10] *The Beatitudes: Soundings in Christian Tradition*, p. 54-55.

ouve estas minhas palavras e não as pratica será comparado a um homem insensato que edificou a sua casa sobre a areia" (Mt 7:26). Se ignoramos essas palavras do Grande Rabino, a vida espiritual não será nada além de *fantasia*.

Aquele que fala, especialmente se fala com Deus, pode exercer grande influência, mas o que age realmente põe a mão na massa e atrai mais nossa atenção. Se quiser saber em que uma pessoa realmente acredita, não ouça simplesmente o que ela diz; observe o que ela faz.[11]

Certo dia, Jesus declarou que não tinha vindo para buscar os virtuosos, mas os pecadores. Em seguida, partiu o pão com Zaqueu, um pecador notório. Naquela comunhão à mesa, Jesus colocou em prática sua paixão pelo Pai, cujo amor indiscriminado permite que a chuva caia da mesma forma sobre homens honestos e desonestos. Incluir pecadores no ato de compartilhar a refeição é uma expressão prática do amor misericordioso do Deus redentor.

Jesus reforçou suas palavras com ações. Ele não se intimidava com figuras de autoridade. Parecia não se incomodar com as queixas da multidão, de que estaria violando a lei por entrar na casa de um pecador. Jesus quebrava a lei das tradições quando o amor às pessoas assim exigia.

A contragosto, os fariseus foram forçados a reconhecer a integridade de Jesus: "Mestre, sabemos que és verdadeiro e não te importas com quem quer que seja, porque não olhas a aparência dos homens; antes, segundo a verdade, ensinas o caminho de Deus" (Mc 12:14). Apesar de ser uma estratégia para pegá-lo numa armadilha, a admissão desse fato nos diz algo sobre o impacto que Jesus provocava naqueles que o ouviam. Uma vida íntegra exerce uma influência profética mesmo sobre os cínicos.

Sim, de fato aquele homem era um Rabino diferente de todos os outros na Palestina. Pode nunca ter estudado com um grande

---

[11] James MACKEY, *Jesus: The Man and the Myth*, p. 148. Citado em trabalho de minha autoria, *A Stranger to Self-Hatred*.

mestre; não tinha nenhum título. Era um leigo, um camponês galileu pouco instruído, mas sua palavra trovejava com autoridade; foi o Grande Rabino porque aquilo que era e fazia, assim como sua humanidade e divindade, eram uma coisa só.

Em outro momento de seu ministério aqui na terra, Jesus Cristo declarou: "... o Filho do Homem [...] não veio para ser servido, mas para servir..." (Mt 20:28). Na véspera de sua morte, ele tirou a vestimenta de cima, amarrou uma toalha em volta da cintura, colocou água numa bacia de cobre e lavou os pés de seus discípulos. A *Bíblia de Jerusalém* traz uma nota dizendo que eram "traje e função característicos de escravo". O teólogo francês Yves Congar afirmou:

> A revelação de Jesus não está contida somente em seu ensino; está, também (e, talvez, devamos dizer "principalmente"), contida no que fez. A Palavra que se fez carne, Deus aceitando a posição do servo, a lavagem dos pés dos discípulos — tudo isso tem a força da revelação, e uma revelação divina.[12]

Um mistério profundo: Deus se torna escravo. Isso implica, de modo bem específico, que ele deseja ser conhecido por meio do serviço. Essa é a maneira de Deus se revelar. Assim, quando Jesus descreve seu retorno em glória no fim do mundo, diz: "Bem-aventurados aqueles servos a quem o senhor, quando vier, os encontre vigilantes; em verdade vos afirmo que *ele há de cingir-se, dar-lhes lugar à mesa e, aproximando-se, os servirá*" (Lc 12:37, grifos do autor). Jesus permanece Senhor ao ser servo.

O discípulo amado apresenta uma imagem marcante de Deus, que acaba com todos os conceitos anteriores a respeito do Messias e da essência do discipulado. Que inversão escandalosa e sem precedentes dos valores do mundo! Preferir ser servo a ser o

---

[12] Citado por Avery DUNES, *Models of Revelation*, p. 161.

senhor de tudo na casa é uma trilha descendente numa cultura de mobilidade ascendente.

Zombar de ídolos como o prestígio, a glória e o reconhecimento; recusar-se a levar a si mesmo muito a sério ou a levar a sério aqueles que se levam a sério; não dançar conforme a música e abraçar sem reservas o estilo de vida do servo — essas são as atitudes que levam o selo do discipulado autêntico.

O realismo rigoroso do retrato que João faz de Cristo não abre nenhum espaço para idealismo romântico ou sentimentalismo piegas. Servidão não é emoção, disposição ou sentimento; é uma decisão de viver como Jesus. Não tem nada a ver com aquilo que sentimos; tem tudo a ver com o que *fazemos* — serviço humilde. Ouvir de forma obediente a Jesus — "Ora, se eu, sendo o Senhor e o Mestre, vos lavei os pés, também vós deveis lavar os pés um dos outros" (Jo 13:14) — é ouvir o pulsar do coração daquele Rabino que João amou e conheceu.

Quando o *ser* está divorciado do *fazer*, os pensamentos piedosos se tornam substitutos convenientes do serviço. O chamado para o estilo de vida do servo é tanto uma advertência para não sermos seduzidos pelo padrão secular de grandeza humana quanto uma convocação à fé corajosa.

Ao participarmos da experiência de lavar os pés das pessoas, Jesus se dirige a nós diretamente, atraindo completamente nossa atenção enquanto nos olha nos olhos e faz essa afirmação fantástica: "Se você quer saber como Deus é, olhe para mim. Se quiser aprender que seu Deus não vem para governar, mas para servir, observe o que faço. Se quiser ter a certeza de que a história do amor de Deus não é uma crendice, ouça o pulsar de meu coração".

Essa afirmação surpreendente e implacável sobre si continua a ser a noção básica que devemos confrontar.[13] Ninguém pode falar por nós. A seriedade das implicações envolvidas na confissão "Jesus

---

[13] Eugene KENNEDY, *The Choice to Be Human*, p. 117.

é Senhor" revela o custo do discipulado, o sentido mais elevado da confiança e a importância insubstituível da determinação.

Jesus também sabia dessas coisas. Nossa fé na encarnação — o enorme mistério de Deus abrindo as cortinas da eternidade e adentrando a história humana por intermédio do homem Jesus — é fantasia se nos curvarmos diante de qualquer imagem da divindade que não a do Servo que se curvou no cenáculo.

Quando sou atingido pelas tempestades da vida e vejo que minha fé vacilou e minha coragem se foi, recorro a Mateus 14:22-33. Jesus vê os discípulos alcançados por uma rajada de vento em plena madrugada. Caminhando sobre as águas, aproxima-se deles, causando pânico. "É um fantasma", gritam, tomados pelo medo. Jesus diz: "Tende bom ânimo! Sou eu. Não temais!".

Pedro, sempre impetuoso, decide testar: "Se és tu, Senhor, manda-me ir ter contigo, por sobre as águas". A fé experimental daquele "se" receoso logo se deteriora, transformando-se em puro terror à medida que Pedro começa a andar na direção de Jesus. Sinto-me confortado (talvez seja um tipo de prazer perverso) por saber que Pedro, a pedra, também afundou como tal.

OS DIAS QUE VIVEMOS são propícios ao pânico, pois os burocratas messiânicos uniram forças aos relações-públicas do apocalipse para lançar previsões sobre o iminente fim do mundo. Eles procuram interpretar catástrofes como a do genocídio na Bósnia, a grande enchente do meio-oeste norte-americano, em 1993, e o terrorismo em larga escala nos Estados Unidos e fora dele. Tentam combinar os símbolos do livro de Apocalipse com eventos históricos específicos, e aí profetizam que a aldeia global está balançando na beira do abismo, e logo a aventura humana chegará ao fim.

Os burocratas messiânicos e os relações-públicas do apocalipse podem estar certos quanto a seu ultimato tenebroso de que a história humana chegou ao fim e o extermínio das espécies está próximo. Os males da geração atual podem, de fato, ser interpretados como sinais definitivos da intervenção final de

Deus para promover um apogeu furioso, com grande destruição e incrível triunfo. No entanto, já que Jesus renunciou a qualquer conhecimento sobre o dia e a hora (Mt 24:36), eles podem estar completamente enganados.

O apocalipse exerce uma certa fascinação mórbida sobre a mente humana. Sobrevive com facilidade às circunstâncias que o originaram. Sempre vemos grupos que predizem o fim do mundo sobre as cinzas de todas as predições anteriores. Os símbolos são sempre vulneráveis às mentes muito literais, e as imagens exageradas do apocalipse parecem mais propensas a ser tomadas literalmente do que quaisquer outras. Mas a tendência de tomar o apocalipse com gravidade exagerada se deve mais à doença da mente humana do que a qualquer falha que lhe seja inerente.

Os falsos profetas, que jogam com o medo inato das pessoas de desagradar a Deus, serão cada vez mais abundantes, levando-as a loucas peregrinações e gerando pânico. Mas quando ouvimos o pulsar do coração do Rabino, recebemos uma palavra tranquilizadora: "Contei-lhes todas essas coisas de antemão. Psiu! Aquietem-se. Estou aqui. Está tudo bem".

Em vez da agitação do fim dos tempos e dos pensamentos sobre destruição, Jesus nos diz para ficarmos alertas e vigilantes. Devemos evitar os profetas da destruição e os loucos que procuram transformar o apocalipse num grande show. Devemos praticar a justiça, amar com ternura e andar humildemente com nosso Deus (Mq 6:8).

É preciso reivindicar, a cada dia, o fato de sermos amados, e viver como servos, conscientes da atualidade da ressurreição. Não dedicamos atenção a charlatões ou pretensos profetas que manipulam a lealdade dos outros para satisfazer seus propósitos egoístas. Edward Schillebeeckx, extraordinário teólogo europeu, ganhador do prêmio Erasmus, afirmou:

> A única resposta correta e adequada à pergunta que todos faziam nos dias de Jesus — e que, no Novo Testamento, os discípulos

também fizeram: "Senhor, quando virá o fim e quais são os seus sinais?" — é, portanto, a seguinte: não quebrem a cabeça por causa dessas coisas; vivam uma vida comum na condição de cristãos, de acordo com a prática do reino de Deus; desse modo, nada nem ninguém lhes sobrevirá de forma inesperada, a não ser o governo libertador do próprio Deus [...] Não importa se você agora está trabalhando no campo ou moendo milho, se é sacerdote, professor, cozinheiro, porteiro ou aposentado. O que importa é como está sua vida quando você se apega à luz do evangelho de Deus, cuja natureza é amar toda a humanidade.[14]

O FILME O JOGADOR (1992), dirigido por Robert Altman, apresenta um retrato frio do mundo que canoniza a ganância, a barganha, o lucro garantido. O roteiro, que satiriza a própria indústria cinematográfica, mostra a tolerância com a riqueza e o poder irresponsáveis, o desprezo por tudo o que não é lucrativo, mesmo que original, e a santificação do interesse próprio: o que interessa são os resultados. Altman sugere que Hollywood é um microcosmo de todos, uma sociedade marinando num interesse pessoal incestuoso.

Uma característica imponderável da psique humana é a capacidade de fazer julgamentos irracionais acerca de investimentos humanos valiosos, além da recusa em enxergar a vida à luz da eternidade. Seja a arrogância do viciado, o conceito pessoal do compulsivo, o interesse próprio do magnata do cinema ou a dedicação exagerada da pessoa comum a planos e projetos — tudo colabora para tecer a fantasia da invencibilidade, ou aquilo que Ernest Becker chama de "negação da morte".

De todos os livros escritos e sermões pregados a respeito da morte, nenhum é resultado de experiência própria. É verdade, ninguém tem dúvidas intelectuais a respeito da inevitabilidade da morte. O testemunho silencioso de nossos antepassados de-

---

[14] *For the Sake of the Gospel*, p. 28.

monstra que a negação do fato de que um dia a morte virá é algo literalmente *fantástico*.

No entanto, a consciência profunda da morte é rara entre os cristãos. Para alguns, o véu entre a realidade atual e a eternidade é a mortalha da ciência: a morte é apenas a última doença esperando ser conquistada pela medicina. A visão de outros é representada por um médico num respeitado periódico sobre medicina: "Na minha opinião, a morte é um insulto, a coisa mais estúpida e feia que pode acontecer a um ser humano"[15] e, portanto, uma interrupção cruel e indesejada que deve ser ignorada.

Para muitos, separar-se de seus amados é um pensamento doloroso demais. Talvez, para muitos de nós, o ritmo frenético da vida e as demandas imediatas não abrem nenhum espaço (exceto as reflexões fugazes durante os funerais) para pensar seriamente sobre nossa origem e aonde estamos indo.

Benedito, fundador do monasticismo ocidental, oferece o conselho sóbrio de "manter a morte diante dos olhos a cada dia". Não se trata de um conselho mórbido, mas um desafio à fé e à determinação. Até que cheguemos a um acordo com esse fato primário da vida, como observou Parker Palmer, não há nenhuma espiritualidade sobre a qual valha a pena falar.

Hesito entre o medo e a expectativa da morte. Tenho muito mais medo da morte quando estou com mais medo de viver. Quando tenho consciência do fato de ser amado e estou alerta à atualidade da ressurreição de Jesus, então consigo enfrentar a morte com coragem. O motivo de orgulho de Paulo — de que a vida, claro, é Cristo, e a morte, um prêmio a ser conquistado (Fp 1:21) — torna-se meu também.

Sem medo, consigo reconhecer que a verdadeira tensão cristã não está entre a vida e a morte, mas entre a vida e a vida. Com alegria, posso ratificar as palavras do Grande Rabino na véspera

---

[15] Walter J. BURGHARDT, *Tell the Next Generation*, p. 315.

de sua morte: "Porque eu vivo, vós também vivereis" (Jo 14:19). Mais que tudo, quando ele me abraça em silêncio perto de seu coração, consigo até aceitar o medo do abandono.

Mas, quando a noite é mais escura, o impostor está furioso e fico pensando em como sou bom e necessário, como me sinto seguro ao me afirmar diante das pessoas, como aprendi a jogar bem quando o assunto é religião, como mereço tirar férias num lugar exótico, como minha família se orgulha de mim e como o futuro parece ser glorioso...

Repentinamente, como neblina sobre os campos, sou envolvido por pensamentos de morte. Aí sinto medo. Sei que por trás de todos meus bordões cristãos e minhas conversas sobre ressurreição se esconde um sujeito apavorado. Arrebatado em meu devaneio, estou isolado e sozinho. Juntei-me ao elenco dos jogadores de Robert Altman. Como um interno fugindo de um asilo, refugiei-me na fantasia da invencibilidade.

SUPONHA QUE UM MÉDICO EMINENTE, bem informado sobre seu histórico de saúde, diga que você tem 24 horas de vida. Você procura uma segunda opinião, que confirma a primeira. E um terceiro concorda com os outros dois.

Quando sentimos que a morte se aproxima, nossa percepção da realidade muda drasticamente. Com o tempo precioso escorrendo como areia numa ampulheta, dispensamos tudo o que é trivial e irrelevante, concentrando-nos apenas em questões de suprema importância. Como Samuel Johnson disse certa vez, "a perspectiva da forca faz a mente do ser humano se concentrar muito bem". Mesmo que um ataque de pânico seja a reação inicial, logo se descobre que chorar é apenas desperdício de um tempo valioso.

Num de seus romances, Iris Murdoch retrata um homem numa situação extrema. O tempo está se esgotando para ele. Está preso numa caverna com água até a cintura. Logo a maré inundará o local. Ele pensa: "Se eu conseguir sair daqui, nunca julgarei ninguém... não julgar, não ser superior, não exercer o poder, nada de buscar, buscar, buscar. Amar, reconciliar-se e perdoar, é tudo o que importa. Todo poder é pecado e toda lei é frágil. O amor é a única justiça. Perdão, reconciliação, não a lei".[16]

A negação da morte não é uma opção saudável para o discípulo de Jesus. Nem o pessimismo diante dos problemas. A mudança significativa nas prioridades, como se vivêssemos apenas 24 horas de cada vez, não é simples resignação diante daquilo que sabemos ser imutável.

A vida, quando confrontada com tentações e tribulações, não consiste em passividade estoica. O "não" com que desafio a morte e o desespero de meus últimos dias e o "sim" com que afirmo a vida e enfrento problemas aparentemente intransponíveis, ambos são inspirados pela esperança no poder invencível do Jesus ressurreto e na "suprema grandeza do seu poder para com os que cremos" (Ef 1:19).

Não somos intimidados pela morte e pela vida. Se fôssemos forçados a confiar em nossos pobres recursos, seríamos, de fato, pessoas merecedoras de dó. Mas a consciência da realidade da ressurreição de Cristo nos convence de que recebemos alento e somos sustentados por uma vida maior do que a nossa.

Ter esperança significa que, quando confiamos a vida a Cristo, podemos enfrentar corajosamente o mal, aceitando a necessidade de uma conversão mais intensa, a falta de amor por parte dos outros e o legado integral do pecado no mundo ao nosso redor e em nossa própria herança. Podemos, então, enfrentar a morte do mesmo modo que enfrentamos a vida, assim como a tarefa hercúlea diante de nós, que Paulo descreveu como "fazer morrer nossos desejos egoístas".

Cristo em nós, que é nossa esperança de glória, não é uma questão de debate teológico ou de especulação filosófica. Não se trata de *hobby*, de um projeto de meio expediente, de um bom tema para livro ou do último recurso quando todos os esforços humanos

---

[16] *The Nice and the Good*, p. 315.

falham. Ele é nossa vida, o fato mais real a nosso respeito. Ele é o poder e a sabedoria de Deus habitando em nós.

William Johnston é um professor idoso, sábio e contemplativo da Universidade Sofia, em Tóquio. Numa carta dirigida a um jovem colega que estava prestes a inaugurar um centro de oração, ele declarou, com sinceridade: "Nunca afaste da sua consciência o pensamento da morte".[17] Para as almas corajosas que anseiam por abster-se da fantasia em nome de uma vida de determinação, eu completaria: "Nunca despreze deliberadamente a consciência da atualidade da ressurreição, e ao acabar de ler este capítulo, ouça por um momento o pulsar do coração do Mestre".

[17] *Being in Love*, p. 99.

CAPÍTULO NOVE

O PULSAR DO CORAÇÃO DO MESTRE

Deus é amor. Jesus é Deus. Se Jesus deixasse de amar, deixaria de ser Deus.

Boa parte dos escritos contemporâneos sobre espiritualidade elucidou esse tema com grande clareza e profundidade. O amor incondicional de Deus é tema recorrente em inúmeros livros, artigos, sermões e conferências. Referências a esse amor ilimitado, que desconhece fronteiras, reservas ou pontos de ruptura, não faltam no divã do analista cristão, no púlpito do pregador, na sala de aula do teólogo nem nos romances de Andrew Greeley. Para ficar só em poucos exemplos:

> O amor de Deus não é uma benevolência branda, mas um fogo consumidor.
>
> Bede Griffiths

> O amor de Deus não é condicional. Não *podemos* fazer nada para merecê-lo — por essa razão é chamado de graça; e não precisamos fazer nada para ativá-lo. Já está lá. Qualquer amor que seja salvador precisa ser desse tipo, absolutamente incondicional e livre.
>
> Beatrice Bruteau

Uma das chaves para a verdadeira experiência religiosa é a compreensão esmagadora de que, não importa o quanto nos detestemos, Deus não nos detesta. Essa percepção nos ajuda a entender a diferença entre nosso amor e o dele. O nosso é uma necessidade; o dele, uma dádiva.

Thomas Merton

Uma noção de Deus falsa e ilusória [...] o vê como aquele que me dirige sua graça quando sou bom, mas me pune de modo implacável quando sou mau. Essa é uma noção tipicamente patriarcal de Deus. Ele é o Deus de Noé, que vê pessoas mergulhadas em pecado, se arrepende de tê-las criado e resolve destruí-las. Ele é o Deus do deserto, que envia serpentes para picar seu povo porque murmurou contra ele. É o Deus de Davi, que praticamente dizima um povo porque seu rei, talvez motivado pelo orgulho, insiste em fazer um censo de seu império. Ele é o Deus que extrai até a última gota de sangue de seu Filho de modo que sua justa ira, atiçada pelo pecado, possa ser aplacada. Esse Deus, cujos humores se alternam entre graça e ira ardente, ainda familiar demais entre muitos cristãos, é uma caricatura do verdadeiro Deus. Esse Deus não existe. Não é o Deus que Jesus nos revela. Nem é o Deus que Jesus chamou de "Aba".

William Shannon

Essas afirmações brilhantes a respeito do evangelho ecoam fielmente as palavras do Grande Mestre no evangelho de João:

- "Ninguém tem maior amor do que este: de dar alguém a própria vida em favor dos seus amigos" (cf. 15:13).
- "Não vos digo que rogarei ao Pai por vós. Porque o próprio Pai vos ama" (cf. 16:26-27).
- "Não vos deixarei órfãos "(cf. 14:18).
- "Aquele que me ama será amado por meu Pai, e eu também o amarei e me manifestarei a ele" (cf. 14:21).
- "Outra vez vos verei; o vosso coração se alegrará" (cf. 16:22).

Nossa reação a essas revelações magníficas varia muito. Uma pessoa ouve as palavras: "Deus o ama como você é, e não como deveria ser" e diz: "Trata-se de um ensino perigoso, que promove a complacência e leva à preguiça moral e à lassidão espiritual". Outra pessoa responde: "Sim, Deus me ama como sou, mas me ama tanto que não me deixará do jeito que estou agora".

Uma terceira forma de responder é a partir do ponto de vista descomprometido e vantajoso do diletante religioso, que reage à revelação de Jesus como algo "muito interessante". Eugene Peterson tem uma resposta afiada para essa mentalidade: "As Escrituras não existem para entreter. Nem para divertir. Nem para a cultura. Não são a chave que destranca segredos do futuro. Nem são um enigma para intrigar o diletante".[1]

A quarta resposta é a do cínico: "Tudo não passa de conversa fiada". Os cínicos ridicularizam tudo. Nada há de verdadeiro, bom ou belo debaixo do sol. Na verdade, o cínico é um sentimentalista magoado e ao avesso. "Nunca mais vou confiar em ninguém"; "Eu não sabia o que era o amor antes de me casar; mas aí já era tarde demais". Perguntaram a um pai, separado dos três filhos havia muitos anos, como gostava das crianças. Citando W. C. Fields, ele respondeu: "Fritas!".

No amor sexual, o cínico distingue luxúria; no sacrifício e na dedicação, culpa; na caridade, depreciação; nas habilidades políticas, manipulação; nos poderes da mente, racionalização; no pacifismo, enfado; na boa vizinhança, interesse próprio; na amizade, oportunismo. A vitalidade do idoso é patética; a exuberância do jovem é imatura; a estabilidade da meia-idade é puro tédio.[2] Ainda assim, mesmo o mais desiludido dos cínicos anseia por algo verdadeiro, bom ou belo.

---

[1] *Reserved Thunder*, p. 17.
[2] John SHEA, *An Experience Named Spirit*, p. 166. Neste ponto, apropriei-me das palavras de Shea sobre o coração rejeitado e as apliquei em relação ao coração cínico, crendo que sejam essencialmente a mesma coisa.

Por fim, chegamos aos discípulos sinceros que ouvem com atenção a Palavra de Deus, mas que, curiosamente, continuam impassíveis. Recebem as informações sobre Deus, porém não se envolvem na tarefa de *conhecê-lo*. Eles respondem: "As reflexões e as palavras são belas e inspiradoras". Mas o problema é que param por aí. A análise racional permanente substitui um compromisso firme. As palavras ativam a mente, mas os corações não se comprometem; permanecem em outro lugar e outra direção. Vivem num mundo formado por aquilo que o catedrático H. H. Price chamou de "símbolos inexplorados".[3]

A mente engajada, iluminada pela verdade, desperta a consciência; o coração engajado, afetado pelo amor, desperta a paixão. Permita-me dizer mais uma vez: essa energia essencial da alma não consiste em transe extático, uma emoção extrema ou uma postura otimista em relação à vida: é um anseio ardente por Deus, uma determinação obstinada de viver, em qualquer circunstância, na verdade que há no fato de sermos amados.

O amor de Cristo (não o nosso amor por ele, mas o dele por nós) nos estimula. A integração da mente com o coração molda uma personalidade unificada que vive em estado de *consciência apaixonada*.

O CORAÇÃO IMPASSÍVEL é um dos mistérios mais sombrios da existência humana. Pulsa sem paixão em seres humanos de mentalidade indolente, atitudes indiferentes, talentos em desuso e esperanças sepultadas. Como a mãe de Ian Bedloe, parecem viver sempre na superficialidade, sem se aprofundar em nada. Morrem antes mesmo de aprender a viver.

Anos desperdiçados em remorsos inúteis, energias dissipadas em relacionamentos e projetos casuais, emoções secas e passivas diante de quaisquer experiências que o dia possa trazer; são como

---

[3] Belief, p. 40, Citado por H. A. Williams em *True Resurrection*.

os que roncam enquanto dormem e se revoltam quando têm a paz perturbada. A existência dessas pessoas é marcada pela desconfiança de Deus, do mundo e até delas mesmas, o que constitui a base da incapacidade que possuem de se comprometer de maneira apaixonada com qualquer pessoa ou projeto.

Paradoxalmente, obtemos consciência própria não pela auto-análise, mas quando nos dispomos a assumir compromissos. De acordo com Viktor Frankl, uma pessoa encontra sua identidade somente à medida que "se compromete com algo além de si, uma causa maior que ela mesma".[4] O sentido da vida emerge quando nos rendemos à aventura de ser aquilo que ainda não somos.

O coração impassível deixa como legado as bugigangas de Disney World e mil bolas de golfe perdidas. O vazio absoluto da vida não vivida é uma garantia de que a pessoa não deixará saudade. "Essas pessoas, vivendo de emoções emprestadas, cambaleando pelos corredores no tempo como bêbados num navio [...] nunca saboreiam a vida de forma tão profunda para se tornar santos ou pecadores".[5]

SEBASTIAN MOORE fez esta confissão impressionante: "Levei trinta anos para entender que a admissão e o perdão dos pecados são a essência do Novo Testamento". Antes de achar que ele tinha deficit de aprendizagem, vamos analisar cuidadosamente a compreensão que temos de pecado e perdão. Até que ponto estamos reconciliados de fato com Deus e conosco? Somos mesmo capazes de ousar de viver cada dia como homens e mulheres perdoados?

Para a maioria de nós, confessar o pecado de maneira genérica é fácil, isto é: "Todos os seres humanos são pecadores e eu sou humano; portanto, sou pecador". Um ligeiro exame de consciência revela infrações menores da Lei, ou aquilo que o jargão católico romano chama de "pecados veniais". Essa admissão vaga da

---

[4] *Psychotherapy and Existentialism*, p. 9.
[5] Eugene KENNEDY, *The Choice to Be Human*, p. 14.

transgressão é necessária a fim de nos qualificarmos como membros da comunidade dos salvos. Mas salvos de quê?

A cegueira quanto à pecaminosidade da falecida Madre Teresa de Calcutá expõe nossa compreensão superficial a respeito do mistério da iniquidade que se esconde dentro de cada ser humano. As obras heroicas de caridade que ela realizou nos impedem de discernir a verdade sobre sua debilidade interior, assim como a nossa. Pois, se imitarmos seu amor sacrifical de modo reduzido, somos tomados por uma falsa sensação de segurança que nos convence de que não temos necessidade de arrependimento. Quando a pequena santa albanesa humildemente confessou sua fragilidade e a necessidade desesperada de Deus, deixamos de compreendê-la ou suspeitamos de que se tratava de falsa modéstia.

Certa vez, Paul Claudel afirmou que o maior pecado é perder o senso do pecado. Se o pecado é mera aberração provocada pela opressão de estruturas sociais, circunstâncias, ambiente, temperamento, compulsões e educação, admitimos a condição pecaminosa do ser humano, mas negamos que somos pecadores. Vemo-nos como pessoas essencialmente boas, benevolentes com problemas e neuroses simples, herança comum à humanidade. Racionalizamos e minimizamos nossa terrível capacidade de acomodação diante do mal e, assim, rejeitamos tudo o que não é bom a nosso respeito.

A essência do pecado reside no fato de sermos autocentrados demais, o que nos leva a negar nossa contingência radical e deslocar a soberania de Deus com aquilo que Alan Jones chama de "a ínfima parte de nós que nos suga". A fascinação por poder, prestígio e posses justifica nossa necessidade de afirmação agressiva, independentemente do prejuízo que possamos causar aos outros. O impostor insiste que perseguir o Número Um é a única postura sensata num mundo em que se vive na base do "cada um por si". "Essas mães solteiras arrumaram a própria cama", brada o falso "eu". "Que se deitem nela!".

A maldade que opera em nós consiste na dedicação incessante ao próprio "eu", naquilo que Moore chama de "inescapável narcisismo de consciência".[6] Ali está a fonte da crueldade, da possessividade, da inveja e de toda espécie de maldade. Se evitarmos falar do egoísmo e tentarmos justificar a maldade que em nós existe, só conseguiremos fingir que somos pecadores e, portanto, fingir que fomos perdoados. Uma espiritualidade fingida, baseada em falso arrependimento e falsa alegria, produz o que a psiquiatria moderna chama de personalidade borderline, em que as aparências tomam o lugar da realidade.

Aqueles que não chegam a admitir a própria maldade nunca saberão o que é o amor.[7] A menos (e até que) encaremos nossa depravação travestida de santidade, não seremos capazes de captar o significado da reconciliação que Cristo levou a efeito no monte do Calvário.

Humildade, como gostam de dizer os alcoólicos em recuperação, consiste em honestidade total e extraordinária. A recuperação da doença não pode começar até que a negação mortal que reside na personalidade oculta do alcoólico seja exposta e reconhecida. Ele ou ela deve chegar ao fundo do poço, ao momento da verdade, quando o sofrimento provocado pela sedução da bebida se torna muito maior do que o sofrimento causado pelo esforço de evitá-la. Da mesma forma, não conseguimos receber o que o Mestre crucificado tem a oferecer, a menos que admitamos nossa condição e estendamos as mãos até que os braços comecem a doer.

SE PROCURARMOS uma palavra capaz de resumir a missão e o ministério de Jesus Cristo, "reconciliação" seria uma boa escolha. "Deus estava em Cristo reconciliando consigo o mundo, não imputando aos homens as suas transgressões, e nos confiou a palavra da reconciliação" (2Co 5:19). Quando Jesus disse que, se fosse levantado da terra, atrairia homens e mulheres a si, referia-se a ser levantado numa cruz. O corpo de um Mestre desamparado,

---

[6] Sebastian MOORE, *The Crucified Jesus Is No Stranger*, p. 35.
[7] Id., p. 37.

contorcendo-se em agonia e sangrando até a morte, é a reversão total e definitiva do mecanismo de fuga pessoal. O Calvário é o lugar insuportável onde toda a maldade do "eu" miserável tenta se manter contra Deus, "provocando, assim, o impacto da ressurreição".[8]

Por meio de sua *paixão* e morte, Jesus tomou sobre si a doença essencial do coração humano e rompeu para sempre a amarra mortal da hipocrisia de nossa alma. Ao se permitir chegar à mais extrema solidão ("Deus meu, Deus meu, por que me desamparaste?"), ele tirou da solidão seu poder fatal.

Jesus compreendeu nossa ignorância, fraqueza e tolice e garantiu perdão a todos ("Perdoa-lhes, porque não sabem o que fazem"). Ele fez de seu coração enternecido um lugar seguro para cada cínico derrotado, cada pecador sem esperança e cada miserável sem auto-estima da história. Deus reconciliou *todas* as coisas, tudo no céu e *tudo* sobre a terra, quando fez a paz por meio da morte na cruz (Cl 1:20).

A cruz revela que Jesus venceu o pecado e a morte, e que nada, *absolutamente nada*, pode nos separar do amor de Cristo. Nem o impostor nem o fariseu; a falta de consciência ou de paixão; os julgamentos negativos que os outros fazem ou a imagem depreciada que temos a nosso respeito; o passado escandaloso ou o futuro incerto; os conflitos de poder na igreja ou as tensões no casamento; o medo, a culpa, a vergonha, o ódio a si mesmo; nem mesmo a morte pode nos separar do amor de Deus, tornado visível em Jesus, o Senhor.

Ouvir o tênue pulsar do coração do Mestre desfalecendo é um estímulo poderoso para resgatar a paixão. É um som como nenhum outro.

O Crucificado diz: "Confesse seu pecado para que eu possa me revelar como amoroso, mestre e amigo, para que o medo possa

---

[8] Ibid.

desaparecer e seu coração possa vibrar de paixão novamente". Essa palavra é dirigida tanto aos que estão plenamente seguros de sua importância quanto aos oprimidos por uma sensação de indignidade. Ambos se preocupam com a própria situação. Eles reivindicam um *status* divino, pois a atenção de ambos está totalmente voltada à própria proeminência ou insignificância. Estão isolados e alienados por só prestar atenção a si.

A libertação do egocentrismo crônico começa quando permitimos que Deus nos ame na condição em que nos encontramos. Reflita sobre as palavras de John Cobb:

> O homem espiritual só consegue amar [...] quando se reconhece já amado em sua egolatria. Só quando descobre que já é aceito com seu pecado e sua doença é que o ser humano consegue aceitar o fato de sua egolatria; e só então sua estrutura psíquica pode se abrir aos outros, aceitá-los como são — não a fim de se salvar, mas porque ele não precisa fazer isso. Nós só amamos porque fomos amados primeiro.[9]

JULIAN DE NORWICH fez esta notável declaração: "O pecado não será vergonha alguma, mas honra". A vida do rei Davi, de Pedro, de Maria Madalena, de Paulo, assim como de outras testemunhas contemporâneas, como Etty Hillesum e Charles Colson, apoiam a afirmação paradoxal de Julian. Todos esses encararam sua capacidade de fazer o mal, se valeram do poder e, pela graça, o converteram numa força construtiva, nobre e boa. Essa graça misteriosa é a expressão ativa do Cristo crucificado, que reconciliou todas as coisas em si, transformando até mesmo nossos maus impulsos em bem.

Quando Jesus nos mandou amar os inimigos, sabia que seu amor operando em nós poderia comover o coração endurecido

---

[9] *The Structure of Christian Existence*, p. 135. Citado por John SHEA, p. 220.

e fazer do inimigo um amigo. Isso se aplica de forma especial ao inimigo dentro de nós, como escreve H. A. Williams. Pois somos sempre nosso pior inimigo.

Se, com paciência e compaixão, consigo amar aquele assassino, aquele homem cruel, insensível, possessivo, invejoso, ciumento, aquele maldoso que detesta seus companheiros, o homem que sou, então estou no caminho de convertê-lo em tudo o que é efetivamente bom, amável, generoso, gentil e, acima de tudo, cheio de vida abundante e contagiante.[10] Como o anjo que agitou as águas disse ao médico: "Sem suas feridas, onde estaria seu poder?".

Um homem na Austrália decidiu que a vida era dura demais para suportar. No entanto, descartou o suicídio. Em vez disso, comprou um contêiner grande e o mobiliou com simplicidade, apenas com coisas básicas. Pendurou um crucifixo na parede para lembrá-lo do Mestre e ajudá-lo a orar. Lá vivia uma vida irrepreensível e solitária, mas com grande privação.

Todos os dias, de manhã e à noite, rajadas de balas atravessavam as paredes do contêiner. Ele aprendeu a se deitar no chão para evitar ser atingido. Mesmo assim, as balas ricocheteavam no ferro, por isso aquele homem ostentava vários ferimentos. As paredes tinham muitos furos que permitiam a entrada do vento, da luz do dia e de um pouco de água quando chovia. Enquanto tapava os buracos, amaldiçoava o atirador desconhecido. Quando apresentou queixa à polícia, não obteve ajuda, e havia pouco que pudesse fazer por conta própria para resolver a situação.

Aos poucos, começou a usar os buracos das balas para fins positivos. Começou a olhar para fora por um ou outro buraco e a observar as pessoas transitando, as crianças empinando pipas, namorados caminhando de mãos dadas, nuvens no céu, o voo dos pássaros, as flores a desabrochar e o brilho do luar. Observando essas coisas, esquecia-se de si.

---

[10] *True Resurrection*, p. 157.

Chegou o dia em que o contêiner enferrujou e caiu aos pedaços. Ele saiu de lá sem se lamentar. Do lado de fora, havia um homem em pé com um rifle na mão.

— Suponho que você me matará agora — disse o homem que saía do contêiner. — Mas, antes disso, gostaria de saber uma coisa: por que está me perseguindo? Por que é meu inimigo, se nunca fiz nada para prejudicá-lo?

O outro homem abaixou o rifle, sorriu para ele e disse:

— Não sou seu inimigo.

Aquele que saíra do contêiner viu que havia cicatrizes nas mãos e nos pés do outro homem, e essas cicatrizes brilhavam como o sol.[11]

A vida dos que se engajam plenamente no conflito humano será crivada de balas. Tudo o que aconteceu na vida de Jesus Cristo vai, de alguma forma, acontecer conosco. As feridas são necessárias. A alma, assim como o corpo, precisa ser ferida. Pensar que o estado natural e apropriado consiste em não ter ferimentos é uma ilusão.[12] Aquelas pessoas que usam coletes à prova de balas para se proteger do fracasso, do naufrágio e do desgosto nunca saberão o que é o amor. A vida sem feridas não guarda nenhuma semelhança com a do Mestre.

Logo após entrar no seminário, procurei um sacerdote e lhe contei sobre as inúmeras bebedeiras durante os três anos na Marinha e como fiquei angustiado por muito tempo, consumido pela autocomplacência. Para minha surpresa, ele sorriu e disse: "Regozije-se e alegre-se. Você terá um coração compassivo em relação àqueles que andam nessa estrada solitária. Deus usará sua transgressão para abençoar muita gente".

Como Julian de Norwich disse, "o pecado não será vergonha alguma, mas honra". O dualismo entre o bem e o mal foi superado pelo Mestre crucificado, que reconciliou todas as coisas em si.

---

[11] James K. BAXTER, *Jerusalem Daybreak*, p. 2. Reescrevi algumas partes da história, mas sem mudar o sentido.
[12] Thomas MOORE. *The Care of the Soul*, p. 263.

A culpa não precisa nos devorar. Podemos parar de mentir a nós mesmos. O coração reconciliado diz que todas as coisas que me aconteceram deveriam acontecer para fazer de mim aquilo que sou — *sem exceção*.

Thomas Moore inclui esta percepção: "Depressões, ciumeiras, narcisismo e fracassos não estão na contramão da vida espiritual. Na verdade, são essenciais a ela. Quando controlados, impedem que o espírito penetre com afobação na zona do perfeccionismo e do orgulho espiritual".[13]

Será que esse tipo suave de abordagem conduz à autocomplacência? Aquele que ouviu o pulsar do coração do Mestre em desgraça, desprezado e evitado pelos homens e ferido por nossas transgressões, nunca faria essa pergunta.

SOMENTE NUM RELACIONAMENTO de profunda intimidade podemos permitir que outra pessoa nos conheça como somos de fato. Já é bem difícil viver conscientes de nossa mesquinhez e superficialidade, de nossas ansiedades e infidelidades, mas revelar os segredos mais sombrios para outro é um risco inaceitável. O impostor não quer sair do esconderijo. Ele pegará o *kit* de maquiagem e aplicará em sua face atraente para se tornar "apresentável".

Com quem posso conversar de maneira franca? Diante de quem posso desnudar minha alma? A quem ousarei dizer que sou mau e bom, puro e perverso, compassivo e vingativo, altruísta e egoísta? Que sob minhas palavras corajosas vive uma criança assustada? Que me imiscuo na religião e na pornografia? Que manchei o caráter de um amigo, traí a confiança, violei uma confidência? Que sou tolerante e zeloso, beato e arrogante? Que detesto quiabo?

O maior de todos os medos é de ser abandonado por meus amigos e ridicularizado por meus inimigos se expuser o impostor e revelar o verdadeiro "eu".

---

[13] Id., p. 112.

Ultimamente, minha atenção tem sido atraída por um versículo de Isaías: "Em vos converterdes e em sossegardes, está a vossa salvação; na tranquilidade e *na confiança, a vossa força*" (30:15, grifos do autor). A obsessão por privacidade tem origem no medo da rejeição. Se não nos sentimos aceitos, não podemos nos livrar do fardo do pecado; só conseguimos trocar a mala pesada de uma mão para outra. Da mesma forma, somente podemos desnudar o coração pecaminoso quando temos a certeza de que receberemos o perdão.

Não consigo admitir que fiz coisas ruins; não consigo admitir que cometi um grande erro, a não ser diante de alguém que sei que me aceita. A pessoa que não consegue admitir o erro é muito insegura. No fundo, não se sente aceita, por isso reprime a culpa, esconde o rastro. E aí nos vemos diante do paradoxo: confessar o fracasso exige um bom conceito próprio. Reprimir o erro significa uma auto-avaliação ruim.[14]

Nossa salvação e nossa força residem na confiança total no Grande Mestre que dividiu o pão com Zaqueu, o proscrito. Partilhar de uma refeição com um pecador notório não foi apenas um gesto de tolerância liberal e de sentimentalismo humanitário. Foi a encarnação de sua missão e mensagem: perdão, paz e reconciliação para todos, sem exceção.

Mais uma vez, a resposta para a pergunta "quem sou eu?" não é resultado de autoanálise, mas do comprometimento pessoal. O coração que se converteu da desconfiança para a confiança no perdão irreversível de Jesus Cristo é nada menos que uma nova criação, e toda ambiguidade a respeito da identidade pessoal é imediatamente vencida.

Esse ato supremo de confiança na aceitação do Mestre é tão impressionante que mal conseguimos nos expressar sobre sua importância extraordinária. É o marco decisivo da vida, fora do

---

[14] Sebastian MOORE, *The Crucified Jesus Is No Stranger*, p. 99.

qual nada tem valor, e a partir do qual cada relacionamento ou realização, cada sucesso ou fracasso extrai seu sentido. Ele fere de morte o cinismo, o desespero e o ódio pessoal. É um "eu aceito" definitivo ao chamado do Mestre: "Confie no Pai e confie em mim". Sebastian Moore escreveu:

> No evangelho, a confissão do pecado é a expressão mais generosa, segura e venturosa do coração humano. É um risco que só se corre quando se tem a certeza de ser uma pessoa aceitável e aceita. É a expressão plena e definitiva dessa confiança. Você só expõe o pior que tem por dentro à pessoa que ama. Para um mundo fascinado, Jesus apresenta um Deus que convida a tal confissão apenas para revelar seu amor no íntimo das pessoas. Essa confissão, no contexto da aceitação divina, libera as energias mais profundas do espírito humano e constitui a essência da revolução do evangelho.[15]

A paz que o mundo promete, mas não pode dar, é encontrada num relacionamento apropriado com Deus. A autoaceitação só se torna possível quando confio radicalmente que Jesus me aceita como sou. Acolher o impostor e o fariseu dentro de mim marca o início da reconciliação com o "eu" e o fim da esquizofrenia espiritual.

Ao receber o Mestre, nossos impulsos maus são convertidos e transformados em bem. Assim como a luxúria desenfreada da mulher pecadora, no evangelho de Lucas, foi transformada em desejo ardente de intimidade com Jesus, também nossa possessividade em relação ao dinheiro se transforma em ambição pelo tesouro no campo.

O assassino interior se torna capaz de matar a homofobia, a intolerância e o preconceito. Nossa tendência vingativa e nosso ódio se transformam em intolerância e ira contra as imagens caricaturais de Deus como um guarda-livros mesquinho. A simpatia crônica se converte em compaixão genuína por aqueles que se

---

[15] Id., p. 100.

perderam no caminho. E o significado das palavras do Mestre — "Eis que faço novas todas as coisas" — torna-se claro como a luz.

ENTRE OS MUITOS TÍTULOS messiânicos conferidos a Jesus — alguns usados por seus contemporâneos, outros outorgados pela Igreja primitiva, como Senhor, Mestre, Salvador, Redentor, Rei, Soberano, Messias —, concentrei-me em "Mestre" por dois motivos. Em primeiro lugar, quando olho para trás e vejo os passos que dei na difícil estrada de minha vida, lembro-me da condição em que estava antes de encontrar Cristo. Recordo o vazio que sentia enquanto vagava sem rumo de um relacionamento a outro, de um bar a outro, buscando alívio para a solidão e o enfado de meu coração ressequido.

De repente, Jesus apareceu do nada e minha vida começou de novo. De um zé-ninguém, que não se importava com nada além do conforto pessoal, tornei-me alguém, um discípulo amado que se preocupa com pessoas e coisas. Sua Palavra tornou-se "lâmpada para os meus pés" (Sl 119:105).

Encontrei um senso de direção e propósito, uma razão para pular da cama pela manhã. Jesus passou a ser meu Mestre, meu Professor. Com paciência infinita, ele esclareceu o sentido da vida e proporcionou vigor em meio à fadiga de meus dias de derrota. Não posso e não vou esquecer o Grande Mestre que me conduziu das trevas para a luz do dia. Ele não é uma fuga da realidade, mas o Caminho para suas profundezas.

Em segundo lugar, o título "Mestre" nos lembra que Jesus era judeu e que temos origens semíticas. Abraão é nosso pai na fé. No reino espiritual, somos todos semitas. Como Paulo escreveu, aos israelitas pertence "a adoção e também a glória, as alianças, a legislação, o culto e as promessas; deles são os patriarcas, e também deles descende o Cristo, segundo a carne, o qual é sobre todos" (Rm 9:4-5).

Diante do atual ressurgimento do antissemitismo em todo o mundo, não quero esquecer jamais do *status* especial de nosso parentesco judaico. Ser antissemita é cuspir no rosto de nosso Salvador judeu. Para nossa vergonha, muitos que cospem são cristãos.

Um judeu de nossa geração escreveu de modo delicado, mas firme: "Nós [judeus] devemos [...] questionar, à luz da Bíblia, se a mensagem do Antigo Testamento, que o Novo Testamento alega ter se cumprido, foi de fato cumprida na história — na história vivida e sofrida por nós e por nossos antepassados. Neste ponto, meus queridos leitores cristãos, nossa resposta é negativa. Não conseguimos ver nenhum reino, paz ou redenção".[16]

O rosto manchado com as lágrimas do Mestre está sempre diante de meus olhos quando contemplo nosso passado nada cristão em relação a nossos irmãos judeus. Como sugere Burghardt, precisamos de uma teologia renovada sobre o judaísmo e seu destino. Precisamos de mais diálogo, mais comunhão e adoração entre os credos. Precisamos meditar nas palavras de Shylock em *O mercador de Veneza* (aqui podemos incluir qualquer grupo de pessoas oprimidas): "Os judeus não possuem olhos? Não possuem mãos, órgãos, dimensões, sentidos, afetos, paixões? Um judeu não é alimentado pela mesma comida, ferido pelas mesmas armas, sujeito às mesmas doenças, curado pelos mesmos remédios, aquecidos e castigados pelo frio do mesmo verão e do mesmo inverno dos cristãos? Se ele sentir cócegas, não ri? Se lhe derem veneno, não morrerá?".

Chamar Jesus de "Mestre" ativa nossa sensibilidade para que sejamos solidários, tal como ele é, com os filhos e as filhas de Abraão e também com os filhos e as filhas da vergonha.

A NOIVA DE CANTARES diz:

> Eu dormia, mas o meu coração velava; eis a voz do meu amado, que está batendo: Abre-me, minha irmã, querida minha, pomba minha, imaculada minha [...] O meu amado meteu a mão por uma

[16] Schalom BEN CHORIN, citado em Hans KUNG, *The Church*, p. 149.

fresta, e o meu coração se comoveu por amor dele. Levantei-me para abrir ao meu amado; as minhas mãos destilavam mirra, e os meus dedos mirra preciosa sobre a maçaneta do ferrolho.

Cf. 5:2,4-5

O desorganizado grupo de discípulos que captou o espírito da noiva, abriu a porta, reclinou-se à mesa e ouviu o pulsar do coração de Jesus experimentará pelo menos quatro coisas.[17]

Em primeiro lugar, ouvir o pulsar do coração do Mestre é uma experiência trinitária. No momento em que encostamos o ouvido perto de seu coração, ouvimos na mesma hora os passos de Deus à distância. Não sei como isso acontece. Simplesmente acontece. É um movimento simples, que vai da cognição intelectual para a consciência prática de que Jesus e o Pai são um no Espírito Santo, elo de infinita ternura entre eles. Sem reflexão ou premeditação, o clamor "Deus, pertenço a ti" surge de forma espontânea a partir do coração.

A consciência de sermos filhos e filhas no Filho irrompe no profundo da alma, e a paixão singular de Jesus pelo Pai se incendeia em nós. Não importa quão sujos, surrados ou consumidos, nós, os filhos pródigos, somos sobrepujados por uma afeição paterna tão profunda e terna que nos faltam palavras. Enquanto nosso coração pulsa no ritmo do coração do Mestre, experimentamos graça, gentileza e cuidado compassivo tais que superam nossa compreensão. "Este é o enigma do evangelho: como o Outro Transcendente pode estar tão incrivelmente próximo, ter um amor tão livre de reservas?".[18] Temos apenas uma explicação: o Mestre nos diz que ele é assim.

[17] Recomendo com satisfação três livros que oferecem orientações práticas e úteis para desenvolver e sustentar a consciência da realidade da ressurreição: o já consagrado clássico de Brother Lawrence, *The Pratice of the Presence of God* [publicado no Brasil sob o título *Praticando a presença de Deus*. Rio de Janeiro: Danprewan, 2004], e dois trabalhos recentes, *The Awakened Heart*, de Gerald May, e *Radical Optimism*, de Beatrice Bruteau.
[18] Donald GRAY, *Jesus — The Way to Freedom*, p. 69.

Em segundo lugar, percebemos que não estamos sozinhos na estrada de tijolinhos amarelos.[19] O trânsito é intenso. Os companheiros de viagem estão em todos os lugares. Não somos mais somente eu e Jesus. A estrada está salpicada de gente moral e imoral, bela e molambenta, amiga e inimiga, pessoas que nos ajudam e nos atrapalham, seguranças e assaltantes de banco — seres humanos de complexidade e diversidade extraordinárias.

Já sabemos disso há muito tempo. Logo no início das aulas na escola dominical ou da classe de discipulado, aprendemos a regra de ouro: "Tudo quanto, pois, quereis que os homens vos façam, assim fazei-o vós também a eles" (Mt 7:12). Ainda assim, casamentos tristes, famílias problemáticas, igrejas divididas e vizinhanças hostis indicam que não aprendemos direito.

Saber de cor é uma questão completamente diferente. O ritmo da ternura do coração do Mestre torna o amor algo muito pessoal, imediato e urgente. Ele diz: "Dou-lhes um novo mandamento. É o meu mandamento, é tudo o que lhes ordeno: amem-se uns aos outros como eu os amei". Só a compaixão e o perdão contam. O amor é a chave para tudo. Viver e amar são a mesma coisa.

O coração fala ao coração. O Mestre roga: "Você não entende que o discipulado não tem nada a ver com capricho, perfeição ou eficiência? Tem tudo a ver com a maneira pela qual vocês convivem". A cada encontro, damos ou recebemos vida. Não há troca neutra. Podemos potencializar ou reduzir a dignidade humana.

O sucesso ou o fracasso de um dia qualquer se mede pela qualidade do interesse e da compaixão pelos que estão ao redor. Nossa reação à necessidade humana nos define. A questão não é o que sentimos pelo próximo, mas o que fazemos por ele. Nosso coração se revela na maneira de ouvir uma criança, de falar com a pessoa que entrega a correspondência, de suportar a ofensa e de repartir os recursos com o indigente.

---

[19] Referência à história de *O Mágico de Oz*. (N. do T.)

Conta-se uma velha história sobre um rapaz numa fazenda cuja única habilidade era encontrar burros perdidos. Quando lhe perguntavam como fazia aquilo, ele respondia: "Apenas imagino para onde eu iria se fosse um asno, e lá está ele". Colocando de forma mais positiva, ao ouvir o pulsar do coração do Mestre, o discípulo sabe onde Jesus pode estar naquela circunstância específica, e lá está ele.

Em terceiro lugar, quando nos reclinamos à mesa com Jesus, aprendemos que o resgate da paixão está intimamente ligado à descoberta da paixão de Jesus.

Uma negociação extraordinária se dá entre Jesus e Pedro às margens do mar de Tiberíades. As mais tristes palavras já proferidas assumem a forma de uma pergunta para o coração: "Você me ama?". Quando deixamos de lado nossas distrações e dedicamos total atenção, ouvimos o clamor de sofrimento de um Deus como jamais se ouviu antes.

O que está acontecendo aqui? Nenhuma divindade de qualquer religião do mundo jamais perguntou como nos sentimos a respeito dela. Os deuses pagãos lançavam raios para lembrar à ralé quem estava no comando. O Mestre em quem o infinito habita pergunta se nos importamos com ele. O Jesus que morreu de forma sangrenta e foi desamparado por Deus para que pudéssemos viver está nos perguntando se o amamos!

A raiz etimológica de "paixão" é o verbo *passere* — "sofrer", em latim. A paixão de Jesus em seu diálogo com Pedro é "a abertura deliberada, permitindo ser intimamente *afetado pelo* outro; ou seja, exprimir o sofrimento do amor apaixonado".[20]

A vulnerabilidade de Deus ao se permitir ser afetado por nossa reação e o lamento de Jesus ao chorar por Jerusalém não tê-lo recebido são impressionantes. O cristianismo consiste, principalmente, não naquilo que fazemos para Deus, mas no que Deus faz

---

[20] Jurgen MOLTMANN, *The Trinity and the Kingdom*, p. 25. Citado por Alan JONES em *Soul Making — The Desert Way of Spirituality*.

por nós — as coisas maravilhosas e grandiosas que Deus concebeu e conquistou para nós em Cristo Jesus. Quando Deus flui em nossas vidas, no poder de sua Palavra, tudo o que pede é que fiquemos perplexos, boquiabertos e comecemos a respirar fundo.

O resgate da paixão está intimamente ligado a essa perplexidade. Somos levados pela força esmagadora do mistério. O constrangimento se evapora na presença daquilo que Rudolph Otto chamou de "misterium tremendum". O Deus transcendente nos domina, nos sobrepuja. Tal experiência pode banhar nossa consciência como uma maré suave, saturando a mente e o coração no espírito tranquilo da adoração profunda. Espanto, admiração e fascinação induzem a uma humildade silenciosa. Temos um breve vislumbre do Deus que nunca sonhamos que existisse.

Ou podemos ser atingidos por aquilo que a tradição hebraica chama de *Kabod Yahweh*, a majestade esmagadora de Deus. Uma quietude profunda e fria invade o santuário interior da alma. A consciência revela que Deus é totalmente Outro. O abismo entre o Criador e a criatura é intransponível. Somos grãos de areia numa praia de dimensões infinitas. Estamos na presença majestosa de Deus. Despidos das credenciais de independência, desaparecem a empáfia e a afetação. Viver na sabedoria de quem aceitou a ternura já não é mais a atitude adequada. O nome de Deus é Misericórdia.

A fé se agita, o temor e o tremor encontram seu tom mais uma vez. Na adoração, nos dirigimos à insuficiência extraordinária que é nosso louvor a Deus. Nós nos movemos do cenáculo, onde João deitou sua cabeça no peito de Jesus, para o livro do Apocalipse, em que o discípulo amado cai prostrado diante do Cordeiro de Deus.

Homens e mulheres sábios há muito sustentam que a felicidade reside em sermos nós mesmos sem inibições. Deixe o Grande Mestre apertá-lo, silenciosamente, perto de seu coração. Conhecendo quem ele é, descobrirá quem você é: filho de Deus, em Cristo nosso Senhor.

BIBLIOGRAFIA

The Jerusalem Bible. Garden City: Doubleday, 1966.

AGUDO, Philomena. "Intimacy", em *The Third Psychotheological Symposium*. Whitinsville: Affirmation, 1978.

BARRY, Wendell. *The Hidden Wound*. São Francisco: North Point, 1989.

BARRY, William. *God's Passionate Desire and Our Response*. Notre Dame: Ave Maria, 1993.

BAXTER, James K. *Jerusalem Daybreak*. Wellington: Price, Milburn and Co., 1971.

BERNANOS, George. *Diary of a Country Priest*. New York: Sheed and Ward, 1936 [publicado no Brasil sob o título *Diário de um pároco de aldeia*. São Paulo: Paulus, 2000].

BRADSHAW, John. *Home Coming*, New York/Toronto: Bantam, 1990 [publicado no Brasil sob o título *Volta ao lar*. Rio de Janeiro: Rocco, 1993].

BROWN, Raymond. *The Churches the Apostles Left Behind*. New York/Ramsay: Paulist, 1984 [publicado no Brasil sob o título *As igrejas dos apóstolos*. São Paulo: Paulinas, 1986].

BRUTEAU, Beatrice. *Radical Optimism*. New York: Crossroad, 1993.

BUECHNER, Frederick. *The Clown in the Belfry*. São Francisco: Harper, 1992.

_____. *The Magnificent Defeat*. San Francisco: Harper and Row, 1966.

BURGHARDT, Walter J. *Tell the Next Generation*. New York: Paulist, 1980

_____. *To Christ I Look*. Nova York/Mahwah: Paulist, 1982.

_____. *When Christ Meets Christ*. Mahway: Paulist, 1993.

COBB, John. *The Structure of Christian Existence*. Philadelphia: Westminster, 1968.

DEMELLO, Anthony. *The Way to Love*. New York: Doubleday, 1991.

_____. *Awareness: A Spirituality Conference in His Own Words*. New York: Doubleday, 1990.

DUNES, Avery. *Models of Revelation*. Garden City: Doubleday, 1983.

EAGAN, John. *A Traveler Toward the Dawn*. Chicago: Loyola University, 1990.

FINLEY, James. *Merton's Palace of Nowhere*. Notre Dame: Ave Maria, 1978.

FOSTER, Richard J. Prayer, *Finding the Heart's True Home*. San Francisco: Harper, 1992 [publicado no Brasil sob o título *Oração, o refúgio da alma*. Campinas: Cristã Unida, 1996].

FRANKL, Victor. *Psychotherapy and Existentialism*. New York: Simon and Schuster, 1967.

FURLONG, Monica. *Merton: A Biography*. San Francisco: Harper and Row, 1980.

GILL, Jean. *Unless You Become Like a Child*. New York: Paulist, 1985 [publicado no Brasil sob o título *Se não vos tornardes como crianças*. São Paulo: Paulinas, 1988].

GRAY, Donald. *Jesus — The Way to Freedom*. Winona: St. Mary's College, 1979.

HARNAN, Nicholas. *The Heart's Journey Home, A Quest for Wisdom*. Notre Dame: Ave Maria, 1992.

HOWATCH, Susan. *Glittering Images*. New York: Ballantine, 1987 [publicado no Brasil sob o título *Amor profano*. Rio de Janeiro: Record, 1990].

IMBACH, Jeffrey D. *The Recovery of Love*. New York: Crossroad, 1992.

JEREMIAS, Joachim. *The Parables of Jesus*. New York: Charles Scribner, 1970 [publicado no Brasil sob o título *As parábolas de Jesus*. São Paulo: Paulinas, 1991 (6ª ed.)].

JOHNSTON, William. *Being in Love*. San Francisco: Harper and Row, 1989.

JONES, Alan. *Exploring Spiritual Direction*. Minneapolis: Winston, 1982.

JUNG, C. J. *Modern Man in Search of a Soul*. Nova York: Harcourt, Brace and World Harvest, 1933.

KENNEDY, Eugene. *The Choice to Be Human*. New York: Doubleday, 1985.

KNIGHT, James A., e ROBINSON, Lillian (ed.). *Psychiatry and Religion: Overlapping Concerns*. Washington, DC: American Psychiatric, 1986.

KUNG, Hans. *On Being a Christian*. New York: Doubleday, 1976.

_____. *The Church*. New York: Sheed and Ward, 1968.

MACKEY, James. *Jesus: The Man and the Myth*. New York: Paulist, 1979.

MANNING, Brennan. *A Stranger to Self-Hatred*. Denville: Dimension, 1982.

_____. *Lion and Lamb: The Relentless Tenderness of Jesus*, Old Tappan: Revell/Chosen, 1986.

_____. *The Gentle Revolutionaries*. Denville: Dimension, 1976.

_____. *The Ragamuffin Gospel*, Portland: Multnomah, 1990 [publicado no Brasil sob o título *O evangelho maltrapilho*. São Paulo: Mundo Cristão, 2005].

MARCEL, Gabriel. *The Mystery of Being II: Faith and Reality*. Chicago: Henry Regnery, 1960.

MASTERSON, James. *The Search for the Real Self*. New York: Free, 1988.

MAY, Gerald G. *Addiction and Grace*. San Francisco: Harper and Row, 1988.

MCKENZIE, John. *The Power and the Wisdom*. New York, Doubleday, 1972.

_____. *Source: What the Bible Says About the Problems of Contemporary Life*. Chicago: Thomas More, 1984.

MCNAMARA, William. *Mystical Passion*. Amity: Amity House, 1977.

MERTON, Thomas. *The Hidden Ground of Love: Letters*. New York: Farrar, Strauss, Giroux, 1985.

METZ, Johannes B. *Poverty Spirit*. New York/Mahwah: Paulist, 1968.

_____. *New Seeds of Contemplation*. New York: New Directions, 1961 [publicado no Brasil sob o título *Novas sementes de contemplação*. Rio de Janeiro: Fisus, 1999].

MOLTMANN, Jurgen. *The Trinity and the Kingdom*. San Francisco: Harper Row, 1981 [publicado no Brasil sob o título *Trindade e reino de Deus*. Petrópolis: Vozes, 2000].

MOON, William Least Heat. *Blue Highways*. New York: Fawcett Crest, 1982.

MOORE, Sebastian. *The Crucified Jesus Is No Stranger*. Mahwah: Paulist, 1977.

_____. *The Fire and the Rose Are One*. New York: The Seabury, 1980.

MOORE, Thomas. *The Care of the Soul*. San Francisco: Harper/Collins, 1992.

MURDOCH, Iris. *The Nice and the Good*. New York: Penguin, 1978.

NORWICH, Julian de. *The Revelations of Divine Love*. New York: Penguim, 1966.

NOUWEN, Henri J. M. *In the Name of Jesus*. New York: Crossroad, 1989.

_____. *Life of the Beloved*. New York: Crossroad, 1992.

_____. *The Wounded Healer*. New York: Doubleday, 1972 [publicado no Brasil sob o título *O sofrimento que cura*. São Paulo: Paulinas, 2001].

O'CONNOR, Flannery. *The Collected Works of Flannery O'Connor*. New York: Farrar, Strauss, Giroux, 1991.

PALMER, Parker. "The Monastic Way to Church Renewal", em *Desert Call*. Crestone: Spiritual Life Institute of America.

PERCY, Walker. *The Second Coming*. New York: Farrar, Stratuss, Giroux, 1980 [publicado no Brasil sob o título *A segunda vinda*. Rio de Janeiro: Francisco Alves, 1982].

PETERSON, Eugene. *Reversed Thunder*. New York: Harper and Row, 1989 [publicado no Brasil sob o título *Trovão inverso*. Rio de Janeiro: Habacuc, 2005].

PRICE, H. H. *Belief*. London: Allen and Unwin, 1969.

RILKE, Rainer Maria. *Letters to a Young Poet*. New York: W. W. Norton, 1962 [publicado no Brasil sob o título *Cartas a um jovem poeta*. Porto Alegre: L&PM, 2006].

SCHILLEBEECKX, Edward. *For the Sake of the Gospel*. New York: Crossroad, 1992.

_____. *The Church and Mankind*. New York: Seabury, 1976.

SEAMANDS, David. *Healing for Damaged Emotions*. Wheaton: Victor, 1981 [publicado no Brasil sob o título *Cura para os traumas emocionais*. Belo Horizonte: Betânia, 1984].

SHEA, John. *An Experience Named Spirit*. Chicago: Thomas More, 1986.

_____. *Starlight*. New York: Crossroad, 1993.

TUGWELL, Simon. *The Beatitudes: Soundings in Christian Tradition*. Springfield: Templegate, 1980.

TYLER, Anne. *Saint Maybe*. New York: Simon & Schuster, 1982.

TYRELL, Thomas J. *Urgent Longings: Reflections on the Experience of Infatuation, Human Intimacy, and Contemplative Love*. Whitinsville: Affirmation, 1980.

VAN BREEMAN, Peter G. *Certain as the Dawn* [publicado no Brasil sob o título *Certo como a aurora*. São Paulo: Loyola, 1993].

_____. *Called By Name*. Denville: Dimension, 1976.

WATKIN, Don Aelred. *The Heart of the World*. London: Burns and Dates, 1954.

WICKS, Robert J. *Touching the Holy*, Notre Dame: Ave Maria, 1992.

WILDER, Thornton. *The Angel That Troubled the Waters and Other Plays*. New York: Coward-McCann, 1928.

WILLIAMS, H. A. *True Resurrection*. London: Mitchell Begley, 1972.

Compartilhe suas impressões de leitura escrevendo para:
opiniao-do-leitor@mundocristao.com.br
Acesse nosso *site*: www.mundocristao.com.br

Diagramação: Sandra Reis Oliveira
Crédito da imagem: Gansovkky Vladislav
Gráfica: Imprensa da Fé
Papel: Pólen Natural 70 g/m²
Cartão 250 g/m² (capa)